Machado de Assis
RELÍQUIAS CULINÁRIAS

FUNDAÇÃO EDITORA DA UNESP

Presidente do Conselho Curador
Herman Jacobus Cornelis Voorwald

Diretor-Presidente
José Castilho Marques Neto

Editor-Executivo
Jézio Hernani Bomfim Gutierre

Assessor Editorial
Antonio Celso Ferreira

Conselho Editorial Acadêmico
Alberto Tsuyoshi Ikeda
Célia Aparecida Ferreira Tolentino
Eda Maria Góes
Elisabeth Criscuolo Urbinati
Ildeberto Muniz de Almeida
Luiz Gonzaga Marchezan
Nilson Ghirardello
Paulo César Corrêa Borges
Sérgio Vicente Motta
Vicente Pleitez

Editores-Assistentes
Anderson Nobara
Henrique Zanardi
Jorge Pereira Filho

Machado de Assis
RELÍQUIAS CULINÁRIAS

ROSA BELLUZZO

Ao Exmo. Sr. General Eduardo Vasquez, Ministro da Guerra e Marinha da Republica Oriental do Uruguay, e á Exma. Senhora de Vasquez, tem a honra de cumprimentar o abaixo assignado, Presidente da Academia Brasileira de Letras, e de lhes communicar que aceita o convite e comparecerá ao banquete que, em honra do Governo do Brasil, offerecem no Hotel Alexandra, segunda-feira, 18 do corrente, ás 8 horas da noite.

Machado de Assis

17 de Novembro 1907.

Carta de Machado de Assis ao ministro da Guerra do Uruguai, 1907.

Machado de Assis, 1864.
Foto de Isley Pacheco.

© 2010 Editora UNESP

Fundação Editora da UNESP (FEU)
Praça da Sé, 108
01001-900 – São Paulo – SP
Tel.: (0xx11) 3242-7171
Fax: (0xx11) 3242-7172
www.editoraunesp.com.br
www.livrariaunesp.com.br
feu@editora.unesp.br

CIP-BRASIL. CATALOGAÇÃO-NA-FONTE
SINDICATO NACIONAL DOS EDITORES DE LIVROS, RJ

B388m

Belluzzo, Rosa
    Machado de Assis : relíquias culinárias / Rosa Belluzzo. - São Paulo : Ed. UNESP, 2010. 156p. : il.

    Inclui bibliografia
    ISBN 978-85-393-0075-4

    1. Assis, Machado de, 1839-1908 – Residências e lugares habituais – Rio de Janeiro (RJ). 2. Culinária – Rio de Janeiro (RJ) – História. 3. Rio de Janeiro (RJ) – Usos e costumes. 4. Rio de Janeiro (RJ) – Vida intelectual. I. Título. II. Título: Relíquias culinárias.

10-5128.   CDD: 641.5
                                            CDU: 641.5

06.10.10   19.10.10   022099

Editora afiliada

Sumário

Prefácio	10
Prólogo	13
O cortejo real	17
À mesa com a realeza	21
O Primeiro Império: "esperança no futuro!"	31
Um festim no Segundo Império: "o último brinde"	37
A importação de costumes e etiquetas	47
"Hoje é dia de festa"	51
Prato de colher ou de garfo	67
"Perdoem ao guloso"	71
O Rio de Janeiro e seus contrastes	83
A vida externa era festiva	91
O rosto da cidade	105
Vida exterior	111
"A literatura confeitológica"	115
A República: "agora começam as festas"	119
"O sol do século XX"	139
"O banquete da vida"	143
Referências bibliográficas	148
Agradecimentos	151
Índice de imagens	152
Índice de receitas	153

Teatro Lírico. Foto de Augusto Malta, s.d.

[Machado de Assis] *se salientava em toda parte e muito. Praticava a poesia, a crítica literária e teatral, publicava crônicas e contos, adaptava teatro do francês, escrevia peças próprias, recitava versos comemorativos, fazia parte do Conservatório Dramático, da Arcádia Fluminense, participava de campeonatos de xadrez, da diretoria do Club Beethoven, era frequentador do Teatro Lírico, para o qual compôs libretos, foi candidato – sem querer – a deputado, traduzia e escrevia romances. Noutras palavras, participava em larguíssima escala na vida cultural nascente do Rio de Janeiro.*

Roberto Schwarz (2006, p.176)

Prefácio

É ocioso dizer que me senti honrado ao ser convidado por Rosa Belluzzo para prefaciar seu trabalho. *Machado de Assis: relíquias culinárias* discorre sobre a história do Rio de Janeiro dos séculos XIX e XX, apresentando a evolução gastronômica na cidade e a figura do escritor.

Creio que o Prefácio possibilita a explicitação de uma série de dimensões superpostas brevemente na obra, desde que o deslocamento de D. João VI instituiu a segunda "Brasília" brasileira. O Rio de Janeiro dos modestos esforços de D. João ao bonde elétrico e à Reforma Pereira Passos tem a trajetória de uma cidade cogumelo da estufa tropical. Para situar o leitor, diria que a Vila Rica de Ouro Preto, que contava quatro prédios em 1703 – sendo um com telhas –, findou o século XVIII com sessenta mil habitantes urbanos e mais de duzentos mil na comarca. Tinha, na segunda metade do século XVIII, quinze aquedutos, dezessete pontes de pedras e o primeiro teatro lírico sul-americano. Juscelino Kubitschek fez a terceira Brasília. A primeira e a segunda "Brasílias" refletiram o escravagismo; e a terceira remeteu o povo candango construtor para cidades-satélite muito parecidas com a Baixada Fluminense.

Rosa acompanhou, de maneira esforçada, as referências gastronômicas do Rio de Janeiro. Sobre isso, gostaria de lembrar a grande importância que tinham, para o fornecimento alimentar, animais silvestres, frutos do mar e hortaliças plantadas nas encostas da cidade. É interessante destacar que essa foi uma das formas de obtenção de renda monetária pelo povo livre e pobre, que subsistia nos chamados sertões cariocas. Há, inclusive, evidência de que escravos fugidos se converteram em fornecedores desses alimentos. A inglesa Maria Graham relata que, nas chácaras das Laranjeiras, havia fornecimento de aves de quintal, ovos e hortaliças, e estas eram vendidas em um pequeno quilombo onde hoje fica o bairro do Cosme Velho.

É fascinante acompanhar a pedagogia dos paladares. Certamente, a elite brasileira rapidamente copiou as comidas da corte e, com a abertura dos portos, tornou-se fácil a obtenção de diversos ingredientes. Creio que os escravos e os homens pobres e livres pouco se beneficiaram dessa ampliação de sabores, porém o abastecimento urbano deve ter melhorado pela intensa expansão de atividades agropecuárias em Minas. Desde logo, apareceu o queijo e pode ter ocorrido o barateamento de curtidos e embutidos de porco.

Como a viagem gastronômica a que Rosa nos conduz não nos leva à comida popular, a não ser àquela comercializada pelos vendedores ambulantes, cabe destacar que a principal atividade de ganho dos homens livres e pobres, assim como dos escravos, não lhes permitia um intervalo regular para refeição. Comiam e trabalhavam sem nenhuma delimitação significativa. Ainda hoje, o comércio ambulante popular continua com forte presença no Rio de Janeiro, sendo que, em muitos casos, não houve nenhuma mudança nos petiscos. Foi sintomático o povo batizar de Tabuleiro da Baiana o terminal de bondes elétricos na praça da Carioca. Hoje, no largo da Carioca, é possível comer um excelente "x-tudo" e comprar uma "garrafada" para prevenir qualquer indigestão.

Obviamente, no recorte feito por Rosa, a principal influência gastronômica para os cariocas foi a francesa. A autora sublinha esse aspecto e deveria destacar a fraca influência gastronômica inglesa (uma felicidade!). A presença do *beef* e do *roasted beef*, deplorada por Machado, chega ao Brasil via cardápios portugueses; na Península Ibérica, a escassez de proteína vacuna tornava os pratos com esse ingrediente caros e de elite. No Rio de Janeiro, de longa data havia a prática da pecuária extensiva que, periodicamente, supria a cidade, atravessando a cancela de São Cristóvão. A carne era relativamente barata, e os portugueses recém-chegados e os novos estabelecimentos faziam gala de oferecer esses itens no cardápio.

Machado de Assis, homem de seu tempo, acompanhou as metamorfoses, quase sempre festejando-as. Circulava assiduamente por todos os lugares frequentados pelos homens da corte e pelos parcos parceiros das letras. E, como gigante, registrou para a posteridade a evolução da elite brasileira e de seus rituais sociais e gastronômicos. Pouco registrou do povo. Aliás, o Brasil somente começou a descobrir um povo nacional para si após a Primeira Guerra Mundial. A partir de então, a elite foi pesquisá-lo, e a política passou a tomá-lo em conta somente após a Depressão de 1929, quando o autor de *Dom Casmurro* já era lenda.

Machado contribuiu para a formação da nação e foi peça essencial de nosso sistema literário; porém, não se tornou um nacionalista ingênuo nem se encantou pelo movimento de exaltação do índio. O livro de Rosa Belluzzo tem o valor das caminhadas difíceis.

Carlos Lessa[*]
Rio de Janeiro, setembro de 2010.

---

[*] Professor emérito de Economia Brasileira da Universidade Federal do Rio de Janeiro (UFRJ) e ex-presidente do Banco Nacional de Desenvolvimento Econômico e Social (BNDES).

Iluchar Desmons. *Panorama do Rio de Janeiro*, 1855.

Prólogo

O entrelaçamento de Machado de Assis com o Rio de Janeiro de sua época é um truísmo facilmente admitido por todos os seus leitores. De fato, mesmo hoje é frequente a menção ao "Rio de Machado", uma cidade que em boa parte adquiriu personalidade própria por ter abrigado e ter sido abrigada pela obra do maior nome da literatura brasileira. Essa imagem ganha nova e mais definitiva confirmação com a leitura extensiva da correspondência machadiana, na qual descobrimos um homem afastado do estereótipo do Machado misantropo, do antissocial enfurnado na sua introspecção e numa domesticidade circunscrita à amada Carolina. Ao contrário, era personalidade presente e ativa no cenário de sua cidade.

O fundador da Academia Brasileira de Letras foi participante atento da vida cultural fluminense e frequentava saraus, teatros, passeios, restaurantes e confeitarias, palcos de reuniões e tertúlias acaloradas. Esse era um pano de fundo obrigatório de sua vida social e certamente foi um dos elementos que emolduraram sua trajetória pessoal e literária.

Entretanto, embora muito tenha sido feito para o resgate da memória imagética e cultural do escritor, pouco e esparsamente se reproduziu dos componentes gastronômicos – restaurantes, cardápios e suas iguarias – que com ele conviveram. Um olhar mais rigoroso sobre o que então estava disponível ao paladar de Machado não apenas auxilia um passo rumo ao maior conhecimento da história cultural de sua época, mas nos aproxima do escritor, humaniza-o e permite, de maneira original, que se vislumbre no gigante o ser humano que partilhou dores e prazeres (inclusive culinários).

Tracejar o panorama gastronômico do Rio de Janeiro de tempos machadianos é tarefa árdua. O que modestamente se pretende aqui é franquear, pelos textos – do próprio Machado, de comentaristas e historiadores – e pelas imagens, impressões da época e dos sabores que ele experimentou. Evidentemente, essa não é uma tentativa de esclarecer o "enigma Machado", de encontrar as intenções ocultas e parâmetros do processo criador machadianos, mas sim de exibir uma faceta adicional desse enigma, que se confunde com o mistério do homem e da arte.

Feitas as ressalvas e dispostos os objetivos, iniciemos nosso passeio gastronômico pelo Rio de Janeiro de Machado de Assis.

Os editores

Dom Miguel Ângelo Blasco. *Prospecto da cidade do Rio de Janeiro vista da ponte norte da Ilha das Cobras*, 1760.

A cidade de São Sebastião está situada numa planície de algumas milhas de comprimento, limitada nas suas extremidades por duas montanhas. Próximos ao mar, na saída do lago, estão instalados os jesuítas; no extremo oposto, os beneditinos. A cidade antiga, como testemunham as ruínas das casas e a igreja grande, fora construída sobre um morro. Contudo, as exigências do comércio e do transporte de mercadorias fizeram que ela fosse gradativamente transferida para a planície. Os edifícios são pouco elevados e as ruas, três ou quatro apenas, todas orientadas para o mar.

Richard Flecknoe,
poeta inglês. Rio de Janeiro, 1649
(apud França, 1999, p.36)

Franz Frühbeck. *Paço do Rio de Janeiro*, 1817.

O cortejo real

Para as bandas da baía magnífica, olhando as águas, miravam os aposentos de D. João, os salões, a casa de jantar, onde êle gostava de comer com os pequenos príncipes [...].

Rocha Martins (1922, p.22)

A chegada da família real portuguesa ao Rio de Janeiro, em 1808, teve um papel essencial na transformação da cidade, cujos estabelecimentos comerciais e moradias até então se concentravam no centro, em meio a ruas estreitas, mal pavimentadas e iluminadas por lamparinas.

Em *Retrato do Brasil*, o bibliófilo e historiador Paulo Prado descreve:

> A cidade do Rio de Janeiro limitava-se à área baixa e pantanosa que encerravam os morros do Castelo, Santo Antonio e São Bento, seguindo-se pela Rua dos Barbonos, Guarda Velha, São Joaquim e Valongo. Além, e imediatamente, começava a mata. Da Glória a Botafogo ia-se por um trilho de animais, e a alta vegetação encobria no trajeto a vista do mar. No campo de São Cristovão caçava-se e era fácil perder-se o caminho. (Prado, 1997, p.156)

O príncipe regente e sua família fixam residência nessa cidade provinciana e canhestra, no Paço da Boa Vista, em São Cristóvão, na chácara cedida pelo português Elias Antônio Lopes, um rico traficante de escravos. Inauguram-se as transformações que romperiam o equilíbrio da cidade:

> Em menos de duas décadas sua população duplicou, alcançando 100 mil habitantes, aproximadamente, em 1822, e 135 mil em 1840. Entre 1808 e 1818, foram construídas cerca de 600 casas no perímetro da cidade, onde os sobrados começaram a suplantar as toscas casas térreas dos tempos da colônia, e 150 nos arredores – chácaras, em sua maioria, para a residência de verão dos senhores e sua numerosa escravaria doméstica. (Benchimol, 1992, p.25)

D. João decretou a retirada dos moradores "das melhores residências" para alojar nobres, fidalgos e toda a burocracia da corte, assinalando na porta a sigla "P. R." (príncipe regente), que corria à boca pequena como "propriedade roubada". O jornalista e historiador português Rocha Martins assim descreveu aqueles primeiros anos da chegada da corte:

> Os da corte, esses evocavam precedências e qualidades para escorraçarem os moradores das melhores residências e acomodarem-se sem mais detença. Nem pensavam em pagar as rendas; serviam-se de todos os objectos encontrados, desrespeitavam os direitos de propriedade, faziam a tomadia, escorraçando, em nome da sua prosápia, os negociantes, os agricultores, os da labuta. [...] após estes grandes senhores, apareciam os familiares, os da tropa, os validos, os influentes fazendo o mesmo, vexando, assaltando, pilhando as casas alheias. [...] Riam-se dos hábitos brasileiros, das suas modinhas e dos seus sotaques, troçavam da sua existência simples, dos seus usos patriarcais, das suas maneiras de vestir, continuavam, dentro das carruagens apreendidas, seges, coches e cadeirinhas, a vida faustosa de Lisboa, recebendo do tesouro réditos e pensões e para que em tudo se assemelhasse o seu viver ao levado

em Portugal, dentro em pouco as ruas cariocas estavam empestadas de detrictos, de lodos imundos, lançados no grito porco do "água vai!". (Rocha Martins, op. cit., p.23)

E, em decorrência do grande séquito que acompanhava a família real, a cidade estendeu-se para outras "freguesias":

> Também depois da feliz vinda de Sua Alteza se tem promovido e dilatado a edificação de casas para além da Senhora da Glória; e hoje o lugar do Catete, Praias do Flamengo e do Botafogo apresentam longa série de casas, algumas das quais são nobres, e muito elegantes: do mesmo modo se tem estendido a cidade da banda do Valongo, Gamboa, Saco do Alferes e Praia de São Diogo. (Santos, 1981, p.277)

Henry Chamberlain. *Baía do Botafogo*, 1822.

O espaço urbano adaptou-se às exigências da corte. As ruas do centro receberam melhorias para acolher os novos coches e carruagens palacianas. As casas foram restauradas e, por ordem de D. João, substituídas as gelosias (treliças de madeira) por balcões com grade de ferro e janelas envidraçadas, a fim de proporcionar a entrada de luz natural.

Com a vinda da família real, configurou-se uma nova feição na vida social da elite carioca. Além da abertura dos portos, foram inauguradas várias instituições culturais que propiciaram à nobreza e à elite o convívio social almejado. Entre elas destacam-se a Real Bibliotheca (atual Biblioteca Nacional), o Jardim Botânico, a Escola Real de Ciências, Artes e Ofícios, orientada pela missão artística francesa – da qual participaram Nicolas-Antoine Taunay, Grandjean de Montigny e Jean-Baptiste Debret –, além do Real Teatro São João, inaugurado em 1813 (depois arrendado em 1838 por João Caetano), e do Museu Real (1818). O príncipe regente também foi o fundador da Imprensa Régia. O primeiro periódico impresso no Brasil, em 10 de setembro de 1808, foi a *Gazeta do Rio de Janeiro*, de caráter oficial.

> Outros periódicos criados por iniciativa privada incentivaram "o surgimento de um público regular consumidor de letras", e assim propiciaram "o despontar de uma cultura intelectual, artística e especialmente literária". (Mello, 2009, p.85)

No âmbito econômico, o fim do monopólio português intensificou a importação de mercadorias – a maioria oriunda da Inglaterra – e trouxe à aristocracia novos hábitos de consumo. O domínio comercial inglês era tão grande quanto insensível às necessidades brasileiras. Em 1835, o secretário do cônsul francês ilustrou a espertuza de alguns desses atacadistas na tentativa de impingir mercadorias inadequadas ao nosso clima tropical:

> os primeiros navios entrados no porto vinham carregados das mais esquisitas mercadorias, tais como pesados cobertores de lãs, fogões para calefação de apartamentos, bacias de cobre para aquecer a cama e... patins para gelo. (Luccock, 1951, p.V)

No entanto, em outras oportunidades o novo fluxo mercantil propiciava alternativas mais convidativas ao gosto e ao paladar brasileiro. Em 1813, a *Gazeta do Rio de Janeiro* publicou um anúncio de um armazém que vendia "mostarda, conservas inglesas", vinhos, cerveja, azeite, vinagre e "chá de diferentes qualidades"; e completava: "Todos estes gêneros são por preços muito cômodos" (apud Silva, 2007, p.34).

O jornalista português José Quitério, em *Histórias e curiosidades gastronômicas*, relata a diversidade de produtos importados consumidos pela corte:

> Durante todo o século XIX, novos produtos estrangeiros entram em profusão no porto do Rio de Janeiro: a manteiga francesa, a batata-inglesa, o chá, o gelo e, curiosamente, o tomate (embora nativo da América tropical, só foi introduzido no Brasil em 1813). (Quitério, 1992, p.144)

Tais produtos eram consumidos pela nobreza – fidalgos, burocratas, embaixadores – e por estrangeiros, que não abdicaram do pão de trigo, dos vinhos, licores, champanhe, embutidos e outras iguarias a que estavam acostumados na terra natal.

A corte foi acompanhada de considerável afluência de portugueses, ingleses e italianos, em sua maioria negociantes, representantes comerciais e artesãos. Esses estrangeiros instalaram-se no comércio como ourives, sapateiros, relojoeiros, cozinheiros, padeiros e doceiros, entre outros ofícios.

Com a queda de Napoleão, em 1814, a corte portuguesa reaproxima-se da França e um melhor relacionamento comercial entre os países incentivava as importações de produtos de luxo para o Brasil, bem como a entrada de franceses na colônia. Estabelecidos no centro da cidade, esses novos imigrantes ocupam as ruas Aleixo Manuel (atual Rua do Ouvidor), Direita e do Ourives em armazéns de secos e molhados, ou no comércio atacadista e de produtos importados, a fim de atender às exigências da corte.

```
DEPOSITO ESPECIAL DE VINHOS
DE
WENCESLAU GUIMARÃES & C.
72 RUA DE S. PEDRO 72
            Vinhos do Porto
Vinhos da Madeira
            Vinhos de Lisboa
Vinhos do Douro
            Vinhos do Termo
Vinhos de Bordeaux
            Vinhos de Borgonha
Vinhos de Xerez
            Vinhos do Rheno
Vinhos do Cabo
    Champagne Louis Roederer
    Champagne Veuve Clicquot
    Champagne Moet & Chandon
        Cognac Martell
        Cognac Hennessy
      Cognac Marie Brizard
        Licor Chartreuse
        Licor Benedictine
N. B. Distribuem-se catalogos impressos a quem os pedir.
```

Anúncio do depósito de vinhos.
Publicado no *Almanak Laemmert*, em 1881.

Pedro Alexandrino. *Natureza morta*, s.d.

À mesa com a realeza

A culinária carioca [...] se europeizou com a presença maciça dos reinóis e de estrangeiros depois da chegada da Corte.

Maria Beatriz Nizza da Silva (2000, p.30)

A família real trouxe de Portugal o mestre da Cozinha Real Vicente Paulino e o contramestre José da Cruz Alvarenga, que ocupou o cargo de Paulino após sua morte em 1813. D. João não só exaltava os frangos preparados por Alvarenga como degustava "três frangos a uma refeição".

> Ao comer os frangos, D. João sacudia para longe o garfo e a faca e não tinha cerimônias: comia-os com as mãos, atirava os ossos ao chão e em seguida limpava os dedos cheios de gordura em um guardanapo de linho [...]. À proporção que comia o frango, comia também fatias de pão torrado. (Ribeiro, [s.d.], p.39 apud Lima, 1926)

Para encerrar o lauto banquete, a mesa ostentava uma *corbeille* de frutas, pão, queijo e as tradicionais sobremesas portuguesas – bolo de nozes, ovos-moles, manjar-branco, leite-creme, filhós e rabanada, toucinho do céu, lampreia e arroz-doce salpicado de canela. Desfilava sobre a mesa uma policromia de compoteiras recheadas de doce de figos com pétalas de rosa, papos-de-anjo com abacaxi, peras em calda, entre outros. Ademais, após o almoço, o príncipe regente consumia de "quatro a cinco mangas", que ele mesmo "gostava de descascar" (id., ibid.).

A família real fazia religiosamente quatro refeições ao dia: o desjejum; o almoço às dez da manhã; o jantar às cinco da tarde; e a ceia, servida por volta das vinte horas, era composta do tradicional chá acompanhado "por cinco pratos à escolha" (Pereira, 2007, p.92).

O vedor da Casa Real, conde de Redondo, introduziu algumas modificações no ritual das refeições no Brasil, ao reduzir o número de pratos a cada serviço. Na mesa do príncipe D. João e sua família, o serviço de jantar apresentava doze pratos, que correspondiam a "duas terrinas com sopa, um prato de cozido, um de arroz, quatro de guisados, dois de assados e dois de massa" (idem, p.91-2).

Na despensa do palácio não faltavam a "farinha de mandioca, o sagu e a tapioca, além das frutas tropicais, como a goiaba, e o queijo de Minas, que devia ser considerado uma especialidade, pois era mais caro que queijos importados, como o inglês e o parmesão" (idem, p.93).

A dinastia de Bragança cultivava o paladar dando preferência às aves: registros do Palácio da Ajuda indicam a predileção da rainha D. Maria I e do príncipe D. João VI por pratos preparados principalmente com galinhas, galinholas e outros tipos de ave. Destacam-se a galinha corada (uma das receitas preferidas do príncipe), albardada ou à mourisca, a sopa de castanhas e perdiz. Também saboreavam pastéis de massa tenra, recheados de coelho e vitela, ou o lombo de vaca com geleia.

Sopa de castanha e perdiz

Ingredientes

2 perdizes cortadas nas juntas (temperá-las na véspera)
100ml de azeite
1 cebola espetada com 3 cravos-da-índia
2 folhas de louro
1 alho-poró cortado em rodelas
1 ramo de salsão
1 buquê amarrado de salsinha e cebolinha
10 grãos de pimenta-do-reino moída na hora
Sal marinho a gosto
150g de palmito cortado em cubos
200g de castanhas
150g de batatas cozidas e passadas na peneira (para dar consistência ao caldo)

Leve uma panela ao fogo com azeite e refogue as perdizes.
Acrescente todos os temperos e cerca de 3 litros de água. Deixe cozinhar. Esse caldo deve ser reduzido a 2 litros. Depois de cozidas as perdizes, retire-as do caldo e reserve. Passe o caldo por uma peneira.
Volte a panela ao fogo com o caldo e as castanhas e deixe cozinhar lentamente, em fogo baixo.
Faça um purê de batatas e acrescente ao caldo. Junte os cubos de palmito, a perdiz desfiada e regue com azeite.
Deixe levantar fervura e desligue o fogo. Sirva a sopa de castanhas e perdiz acompanhada de pão tostado.

D. Maria consumia canja de galinha todos os dias, pois achava o prato excepcionalmente saudável. Em todas as refeições havia à mesa uma terrina com o caldo cristalino acompanhando uma travessa com pedaços de galinha cozida e outra de arroz branco, sendo indispensável raminhos de hortelã.

Vale mencionar que D. Pedro II, possuidor de um paladar sóbrio, também elegeu, décadas depois, a canja de galinha ou de macuco seu prato favorito. Era tão grande a predileção do soberano por esse caldo quente e substancioso que até mesmo nos intervalos das óperas ele o degustava: entre um ato e outro sorvia sua canja reconfortante. Aproveitando-se do fato, o teatrólogo Artur Azevedo (Magalhães Júnior, 1953 apud Cascudo, 1983, p.280, v.1) fez uma blague sobre o imperador:

> Sem banana, macaco se arranja,
> e bem passa monarca sem canja.

Pedro II, nos festejos do seu 15º aniversário, em 1840, relata em seu diário a frugalidade de suas refeições: "depois almocei o meu costumado: ovos e café com leite, aprazível bebida [...]" (Vianna, 1966, p.115).

Mas voltemos à corte de D. João VI. Um dos acontecimentos que movimentaram a cidade fluminense foi o casamento do príncipe D. Pedro de Orléans e Bragança com a arquiduquesa da Áustria, Maria Leopoldina de Habsburgo, filha do imperador Francisco I.

Para celebrar a vinda da princesa, D. João VI promoveu uma grande recepção. A cidade foi toda iluminada, as ruas limpas e as janelas ornamentadas com colchas adamascadas para receber o cortejo imperial. Em seu diário, a princesa relata o copioso jantar que degustou em companhia do príncipe, servido às duas horas da tarde. No cardápio constavam as mais variadas iguarias. A mesa ostentava toda sorte de aves: galinha mourisca, perdiz, pombo acompanhado de palmitos, além do cordeiro. No desfecho desse ágape sucederam-se sobremesas variadas – tâmaras, compotas de pêssego e peras vindas diretamente de Portugal.

Leopoldina, dona de extremo bom gosto e cultura, esmerava-se nos jantares, em que servia os acepipes elaborados pelo cozinheiro francês François Pascal Boyer. Os banquetes na Casa Real dos Bragança não eram uma constante – "Muito raramente, ou quase nunca, a corte imperial aceitava a pragmática do banquete oficial, a comida de honra" (Cascudo, op. cit., p.768, v.2) –, uma vez que se limitavam aos "desfiles militares, cerimônias religiosas e beija-mão no Paço" (id., ibid.).

São poucas as referências sobre as preferências de Pedro de Alcântara. Em uma viagem a São Paulo, em agosto de 1822, que culminou com a proclamação da Independência, D. Pedro, antes de partir, anunciou ao ministro conselheiro José Bonifácio de Andrada: "Alimentar-me-ei de feijão e, à falta de pão, não desdenharei a farinha de mandioca" (Dias Lopes, 2004, p.215).

Em uma de suas paradas, na fazenda do coronel João Ferreira de Souza, em São José do Barreiro, D. Pedro foi recepcionado com o almoço: "[...] na travessa azul, imensa, o leitão dourado e cheiroso, com limão na boca, atrapalhando-lhe o sorriso; em outras, guisados, frangos, virado, arroz" (Ribeiro, 1972, p.200). No entanto, o príncipe se deliciou mesmo foi com o frangão à moda dos Moreiras.

Jean-Baptiste Debret. *Desembarque da princesa Leopoldina no Rio de Janeiro*, 1835.

Galinha mourisca

Ingredientes

1 galinha caipira cortada em pedaços pelas juntas
3 colheres (sopa) de manteiga
100g de toucinho defumado ou bacon cortado em pedaços pequenos
1 cebola fatiada
1 buquê de hortelã, cebolinha e coentro amarrados
Salsinha picada
Suco de 1 limão
Sal a gosto

2 cravos-da-índia
200ml de vinho branco
300ml de caldo de galinha (deve ser feito com os pés e o pescoço da galinha)
2 gemas batidas (passadas na peneira)
6 fatias de pão (com 1,5cm de altura) levemente torradas
6 ovos pochés
2 colheres (sopa) de manteiga
Canela em pó a gosto

Em uma panela, aqueça uma colher de manteiga e deixe dourar o toucinho. Refogue a cebola e acrescente os pedaços de galinha, dourando-os de todos os lados. Junte o buquê de ervas, o suco de limão, o sal e os cravos-da-índia. Acrescente o vinho, deixando-o evaporar. Adicione o caldo de galinha e cozinhe por cerca de 40 minutos, mexendo de vez em quando. Depois que a galinha estiver cozida, retire do caldo e reserve.

Passe o molho e as gemas por uma peneira. Retorne a panela ao fogo com o molho para cozinhar as gemas. Mexa com uma colher de pau para não talhar. No final, acrescente o restante da manteiga. Em uma frigideira, coloque água, leve ao fogo até alcançar o ponto de fervura. Quebre os ovos e deixe cozinhar por 3 minutos (as gemas devem ficar moles). Retire-os com uma escumadeira. Doure as fatias de pão. Disponha os pedaços de galinha no centro de uma travessa, regue-os com o molho e polvilhe com canela. Guarneça com ovos *pochés* e fatias de pão.

Para finalizar, salpique salsinha picada.

Canja do Imperador

Ingredientes

1 galinha caipira cortada nas juntas
2 colheres (sopa) de óleo
1 cebola
1 cenoura
1 talo de salsão
Sal a gosto
100g de arroz
Ramos de hortelã fresca

Em uma panela, doure os pedaços da galinha no óleo.
Acrescente a cebola, o salsão e a cenoura. Junte 2 litros de água quente, adicione sal a gosto e deixe cozinhar.
Durante o cozimento, retire a espuma formada sobre o caldo.
Reserve a galinha depois de cozida e coe o caldo.
Desfie a carne da galinha.
Retorne o caldo ao fogo e acrescente o arroz para cozinhar. Quando o arroz estiver cozido, adicione a galinha desfiada.
Sirva com raminhos de hortelã.

Jean-Baptiste Debret. *Aclamação de D. Pedro I, Imperador do Brasil,* 1835.

O Primeiro Império: "esperança no futuro!"

O país emancipou-se. A Europa contemplou de longe esta regeneração política, esta transição súbita da servidão para a liberdade, operada pela vontade de um príncipe e de meia dúzia de homens eminentemente patriotas. Foi uma honrosa conquista que nos deve encher de glória e de orgulho [...].[1]

Machado de Assis (2008q, p.1004, v.3)

No ensaio "O passado, o presente e o futuro da literatura", publicado em *A Marmota Fluminense*, Machado de Assis exalta a conquista da liberdade com a proclamação da Independência e suas consequências políticas e culturais:

> A aurora de Sete de Setembro de 1882 foi a aurora de uma nova era. O grito do Ipiranga foi o Eureka soltado pelos lábios daqueles que verdadeiramente se interessavam pela sorte do Brasil, cuja felicidade e bem-estar procuravam. [...] Foi uma honrosa conquista que nos deve encher de glória e de orgulho; e é mais que tudo uma eloquente resposta às interrogações pedantescas de meia dúzia de céticos da época: o que somos nós?
> Havia, digamos de passagem, no procedimento do fundador do Império um sacrifício heróico, admirável, e pasmoso. Dois tronos se erguiam diante dele: um, cheio de tradições e de glórias; o outro, apenas saído das mãos do povo, não tinha passado, e fortificava-se só com uma esperança no futuro! Escolher o primeiro era um duplo dever, como patriota e como príncipe. Aquela cabeça inteligente devia dar o seu quinhão de glória ao trono de dom Manuel e dom João II. Pois bem! ele escolheu o segundo, com o qual nada ganhava, e ao qual ia dar muito. Há poucos sacrifícios como este. (id., ibid.)

Durante o Primeiro Império o Rio de Janeiro manteve o ar provinciano do período colonial. A cidade oferecia poucas opções de lazer e a vida social ainda era muito acanhada. Para o economista Carlos Lessa (2000, p.148), o "Império não exaltou o Rio nem pretendeu fazer desta cidade o seu pedestal. Não foi um construtor de monumentos".

Os cariocas viviam precariamente, seus hábitos eram rudimentares, e as moradias, desconfortáveis, como narrou o viajante inglês John Luccock:

> Os arranjos caseiros do Rio, se comparados aos nossos modelos, hão de parecer extremamente defeituosos. Nem nas casas, nem no mobiliário, conseguimos encontrar muitas coisas que nós nos acostumávamos a considerar como essenciais ao conforto, não as encontramos nem mesmo nas habitações mais espaçosas e fornidas. (Luccock, 1951, p.80)

Outro aspecto apontado por Luccock foi a falta de higiene e de educação dos habitantes que, segundo

---

1 Publicado originalmente em *A Marmota Fluminense*, em 9 e 23 de abril de 1858.

ele, mastigavam de boca aberta, colocavam o cotovelo na mesa, utilizavam a faca para palitar os dentes e – pasme-se – ainda comiam com os dedos!

No cotidiano doméstico, as práticas alimentares resumiam-se à cozinha colonial: sopas espessas, guisados de porco, arroz e feijão-preto com toucinho e carne seca salpicada de farinha de mandioca. No fim da refeição sempre comiam frutas.

Outro viajante a comentar a alimentação dos cariocas foi o jovem alemão Carl Seidler ([s.d.], p.70): "o feijão, sobretudo o preto [...], figura nas mais distintas mesas, acompanhado de um pedaço de rês seca ao sol e de toucinho à vontade".

A inglesa Maria Graham, por sua vez, registra em seu diário os hábitos alimentares dos pobres e dos ricos:

> O grande artigo de alimentação aqui é a farinha de mandioca. Usa-se sob a forma de um bolo largo e fino como um requinte. Mas o modo habitual de comê-la é seca. Na mesa dos ricos é usada em todos os pratos que se comem, tal como comemos pão. Os pobres empregam-na de todas as formas: sopa, papa, pão. Nenhuma refeição está completa sem ela. Depois da mandioca, o feijão é a comida predileta, preparado de todas as maneiras possíveis, porém mais freqüentemente cozido com um pedacinho de carne de porco, alho, sal e pimenta. (Graham, 1956, p.176-7)

Em razão de seu alto preço, as aves só faziam parte de refeições mais requintadas.

> O povo não come galinha assada com recheio, peixe sem espinhas ao molho branco, coquetéis de camarão, lagosta com *mayonnaise*. Come carne, farinha, feijão, arroz. Noventa por cento cozinhado. Carne assada implica farofa. Peixe traz o cortejo do pirão escaldado ou mexido no fogo. O feijão de ementa comum não é a feijoada. Nem todos os pratos populares são diários. (Cascudo, 1983, p.369)

Segundo Câmara Cascudo, os brasileiros não tinham hábito de comer galinha, pois era

> caldo para doente, canja para a recém-parida ou convalescente. Assada é de cerimônia, guisada, molho pardo, cabidela, comida não comum, para dias especiais. O povo tem certa prevenção, suspeita, sobrosso, com a carne da galinha e não com o caldo. (idem, p.278)

De acordo com o paladar dos viajantes, a carne de vaca era de péssima qualidade – "magra e ruim". Para Carl Seidler (op. cit., p.71), "é necessário que os mais fortes condimentos supram o que lhe falta de rigor".

O francês Jean-Baptiste Debret, professor de Pintura Histórica na Academia e Escola Real das Artes e retratista da família real, documentou o cotidiano das ruas cariocas. Em especial, interessou-se pela movimentação dos escravos de ganho e dos mascates que comercializavam produtos *in natura* e alimentos prontos. As classes mais pobres, que almoçavam na rua por volta das nove horas, consumiam esses petiscos pela manhã.

As quitandeiras serviam angu com "miúdos de carne de vaca, coração, fígado, bofe, língua, moela [...]" e a esse prato acrescentavam "folhas de nabo, pimentão verde ou amarelo, salsa, cebola, louro e tomates; tudo reduzido à consistência de um molho de boa liga" (Debret, 2000, p.101).

As negras de ganho vendiam manuês, sonhos, pão de ló e café. Peritas em fazer doces, elas saíam às ruas oferecendo seus quitutes. Os quinhões que recebiam em pagamento eram divididos com as patroas, em geral falidas e arruinadas.

Segundo Debret, a venda de pão de ló era lucrativa. Com o dinheiro obtido, as sinhazinhas abasteciam a casa para o serviço do jantar e da ceia, servida às oito horas da noite, hábito cotidiano das casas cariocas.

Jean-Baptiste Debret. *Angu das quitandeiras*, 1835.

Jean-Baptiste Debret. *Vendedoras de pão de ló*, 1835.

"As negras vendedoras de pão de ló saem de seus donos, às seis horas da manhã, e entram às dez [...]." À tarde, "tornam a sair para voltar somente ao entardecer, lá pelas seis horas e meia [...]" (idem, p.63).

Havia vendedoras de sucos refrescantes para abrandar o calor. As mulheres carregavam potes de barro com aluá, uma bebida preparada com "água de arroz fermentado, ligeiramente acidulada, algo açucarada [...]" (idem, p.58), e outros refrescos, como a garapa e o limão-doce, isto é, a lima.

O cronista Daniel Kidder também manifestou sua impressão sobre a cidade e o intenso comércio de ambulantes que grassava da manhã à noite:

> Desde manhã cedo [...] as damas vão para as janelas [...] esperar o leiteiro e as quitandeiras. O primeiro traz o leite, num veículo de novo aspecto [...]. A vaca é o carro de leite! [...] Um escrava desce com uma garrafa e recebe certa porção do líquido alimentício. (Kidder; Fletcher, 2000, p.189)

Os pequenos comerciantes frequentadores do cais da Praça do Palácio iam beber a água oferecida pelas negras em moringas de bico, nas adjacências do chafariz.

Abraham-Louis Buvelot. *Chafariz do Aragão*, c.1842.

Charles Ribeyrolles e Victor Frond. *Panorama do Rio de Janeiro*, 1859.

Um festim no Segundo Império: "o último brinde"

Não ha mais jubilo nos peregrinos da Meca do que houve nos convivas ao avistarem uma longa mesa, propriamente servida, alastrada de porcelanas e cristaes, assados, doces e frutas.[1]

Machado de Assis

O período regencial, marcado por instabilidades políticas e insurgências na maioria das províncias, colocou em risco a unidade do Império. Em 1840, D. Pedro II foi coroado imperador com apenas 15 anos e deu início ao Segundo Império. Uma nova ordem social se apresentava na capital: as tradicionais famílias fluminenses, agraciadas com títulos nobiliárquicos de viscondes, marqueses e barões, formaram uma verdadeira "corte de selecionados" (Schwarcz, 2002, p.175).

O anseio dos nobres fazendeiros residia em estar perto da corte e frequentar o palácio imperial, com a finalidade de participar das cerimônias e desfrutar do luxo e da vida mundana da cidade, com seus ágapes requintados.

No tocante às indumentárias, seguia-se a última moda parisiense. O traje masculino consistia de casaca, apesar do calor tropical, e as toaletes femininas eram vaporosas, feitas de seda, cetim ou tafetá. As damas adornavam-se de joias, plumas na cabeça e luvas. Ao lado das vestimentas, o código de boas maneiras transformou-se em uma das prerrogativas para adquirir prestígio e distinção social.

O conforto e o fausto proporcionados pelos produtos importados conferiam um padrão de vida satisfatório para as classes abastadas. Com isso, os barões do café mudam-se para o Rio de Janeiro e constroem seus palacetes nos bairros de Botafogo, Laranjeiras e Santa Teresa, no melhor estilo francês.

A história dessa elite agrária tinha antecedentes. Na verdade, a riqueza agrícola do Rio de Janeiro começou com o açúcar, que desde a colonização era produzido em um número razoável de engenhos e engenhocas espalhados pelo litoral fluminense. Campos dos Goytacazes foi a principal área açucareira da província do Rio de Janeiro e o mais importante produtor de aguardente, bebida "usada como moeda no escambo de escravos com a África" (Lessa, 2000, p.26). Por volta de 1760, pequenas plantações de café fixaram-se nas chácaras que circundavam a cidade, como o Arraial de Mata-Porcos (atual Bairro do Estácio). A cultura cafeeira expandiu-se pelas Serras da Tijuca e da Gávea, em direção a Jacarepaguá e Campo Grande.

No início do século XIX, os cafezais atingiram o Vale do Paraíba, na região de Campo Alegre (atual município de Resende), e Vassouras tornou-se o mais des-

---

[1] Publicado originalmente em *Jornal das Famílias*, junho de 1873, p.203.

tacado centro produtor. A riqueza do café proporcionou à região do Vale do Paraíba a abertura de rotas com intensa movimentação de mercadorias, transportadas por tropeiros em muares e carroças puxadas por bois.

O porto do Rio de Janeiro transformou-se no principal entreposto comercial exportador de matérias-primas para a Europa e receptor das importações e do tráfico negreiro. Com isso, a cidade conheceu significativa expansão econômica ao longo do século XIX.

Em 1860, a safra do Vale do Paraíba respondeu por 82% da exportação brasileira de café em grão. A cultura cafeeira estava em plena ascensão na região, fato que acarretou o florescimento de um período promissor à economia do país – além de uma vida faustosa aos barões do café.

Mudanças relevantes foram adotadas na arquitetura das casas, sobretudo na decoração interna, coerentes com a intensa vida social trazida pela prosperidade cafeeira. As mansões acompanhavam o modelo europeu: espaços sociais ampliados compostos de salão de baile, salas de visita, de jantar, de música e de jogos, decoradas com móveis em estilo francês, além de paredes e cortinas forradas de sedas adamascadas e espelhos de cristal. O próprio Machado foi um hábil observador desses ambientes opulentos, transformados em cenário de várias de suas narrativas. Como exemplo, este trecho do conto "Chinela turca" é bastante expressivo:

> Era uma sala vasta, assaz iluminada, trastejada com elegância e opulência. Era talvez sobreposse a variedade dos adornos; contudo, a pessoa que os escolhera devia ter gosto apurado. Os bronzes, charões, tapetes, espelhos – a cópia infinita de objetos que enchiam a sala, era tudo da melhor fábrica. (Machado de Assis, 2008a, p.279, v.2)

Para fazer jus a tão requintada decoração, os utensílios de mesa eram selecionados entre os melhores do mundo. Assim, os banquetes de gala expunham cristais Baccarat ou Saint-Louis, baixelas de prata de lei portuguesa, porcelanas da Companhia das Índias, de Sèvres ou Limoges.

Em 1854, a inauguração da iluminação a gás na cidade por obra de Irineu Evangelista de Sousa, o Barão de Mauá, trouxe, literalmente, um novo "brilho" às recepções da elite.

> O grande desafio do Barão de Mauá foi iluminar a cidade do Rio de Janeiro. [...] instalou em toda a extensão de algumas ruas do centro e bairros da Zona Sul os primeiros 3.027 lampiões públicos (as lâmpadas a gás), bem como iluminou cerca de 3.200 residências e três teatros. Daí originou-se a folclórica figura do acendedor de lampiões e uma radical transformação dos hábitos e costumes da população carioca. (Santos, 2002, p.217)

No conto "As bodas do Dr. Duarte", Machado de Assis descreve um jantar nupcial que tem como pano de fundo essa época de novas luzes e brilhos. Segundo o narrador, o casamento foi um acontecimento social importante, organizado com muito esmero:

> Preparava-se o appareho de jantar dos dias de festa, lavavam-se as escadas e os corredores, sabiam os leitões e os perús para serem assados no forno da padaria defronte [...]. A mesa que já tinha em cima de si alguns acepipes convidativos apareceu como uma verdadeira fonte de Moysés [...] Dois pastelinhos e uma *croquette* foram os parlamentares que Villela mandou ao estomago rebellado e com os quaes o rebelde se conformou.[2]

---

2   Idem, p.181 e 200-1.

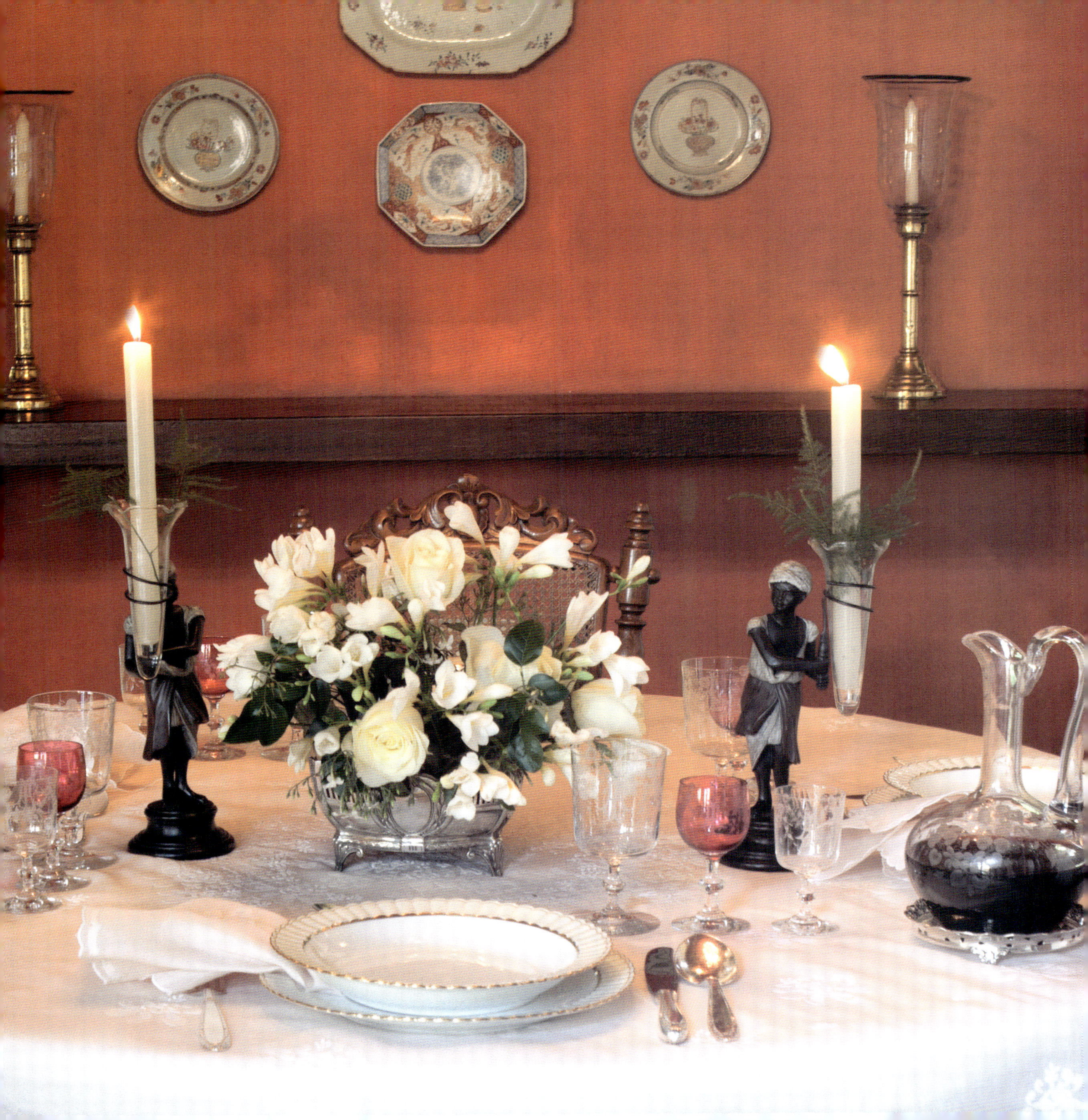

O serviço de mesa, à francesa, obedecia a um ritual sequencial de pratos. Machado de Assis descreve a sucessão de vitualhas servidas nas bodas:

> Não há mais jubilo nos peregrinos da Meca do que houve nos convivas ao avistarem uma longa mesa, propriamente servida, alastrada de porcelanas e cristaes, assados, doces e frutas.
> Sentáram-se na ordem usual. Durante alguns minutos houve aquelle silencio que precede a batalha [...]. O exercito atacou resolutamente a sopa; fez depois um reconhecimento nos ensopados; avançou para o esquadrão dos guisados; tomou à viva força o baluarte de um perú; e só depois d'estas grandes proesas é que se travou geral conversa. Antes d'isso fallavam, mas a meia voz, quanto bastasse para não disfarçar a omnipotencia do estomago.[3]

Depois de distribuído o champanhe e feitos os discursos de praxe,

> O jantar chegava ao fim: eram oito horas e meia; vinham chegando alguns musicos para o baile. Todavia, ainda houve uma poesia de Eduardo Valladares e alguns brindes a todos os presentes e a alguns ausentes. [...] Seguio-se o baile, que foi animadissimo e durou até às três horas da manhã.[4]

Era costume na época fazer um brinde aos donos da casa com um pequeno discurso e, depois de terminada a lauta refeição, servir o café na sala de visitas: "O ultimo brinde de Villela foi ao progresso do mundo pelo algodão, e o de Porfirio à ascensão da democracia universal".[5]

É interessante constatar que a moda de tomar café após as refeições começou a se fixar timidamente, seguido de um licor ou digestivo, mas sempre associado aos jantares festivos e banquetes.

Um jantar comemorativo. Publicado na revista *Dom Quixote* (n. 5), em 1895.

3 Idem, p.203.
4 Idem, p.206-7.
5 Idem, p.207.

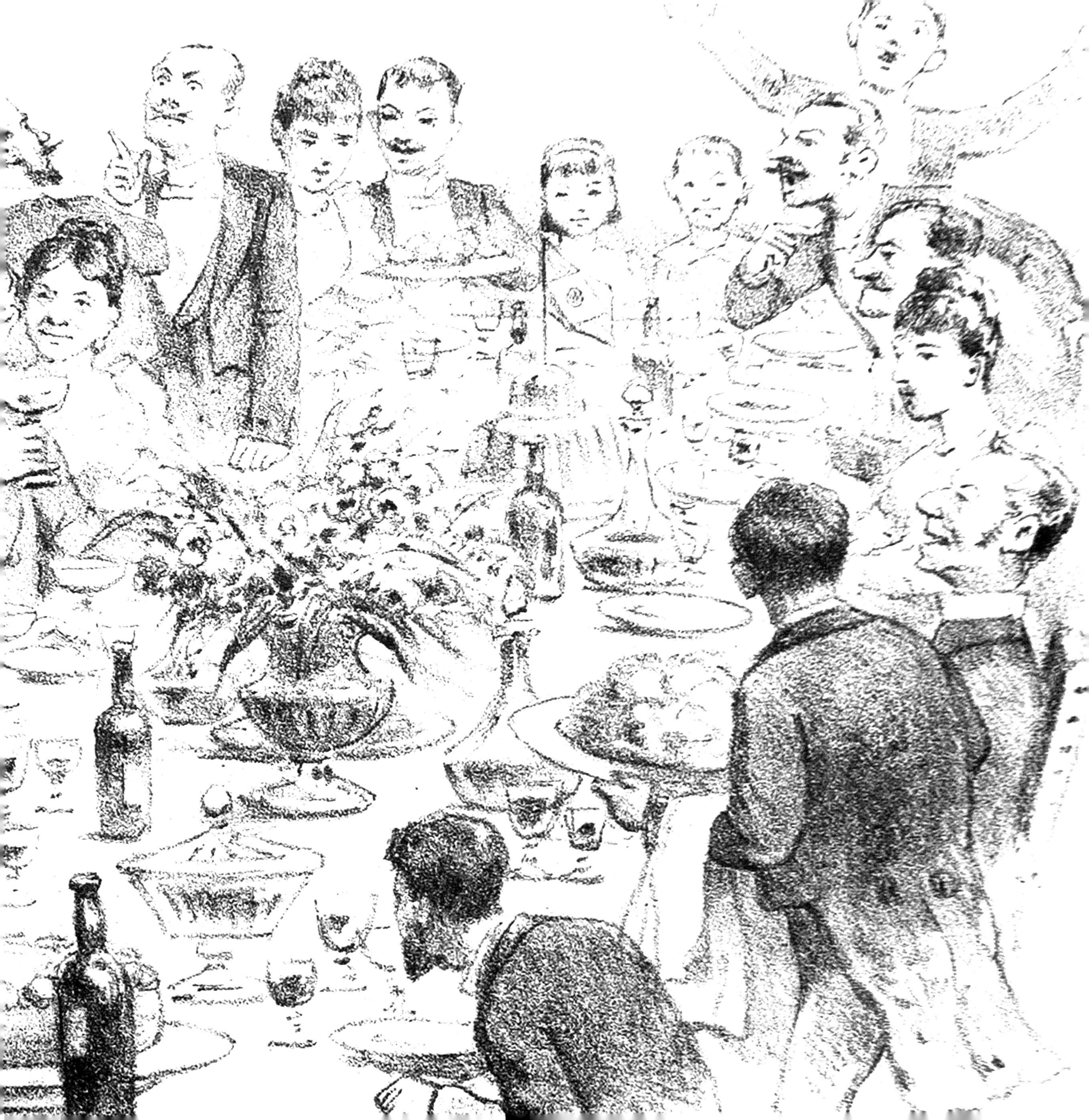

Pedro Alexandrino. *Peru depenado*, 1903.

16. Perú assado no espeto. — Toma-se o perú lardeia-se-o com toucinho fino, esfrega-se-o com sal, sumo de salsa, e cebola, e, involto em papel, assa-se-o no espeto, molhando-o de vez em quando com um môlho, feito de duas colheres de manteiga e um calix de vinho; estando quasi cozido, tira-se-lhe o papel, deixa-se-o corar, e serve-se.

17. Perú assado no espeto á fluminense. — Salpica-se o perú com sal, pimenta moida, cebola e salsa bem picada; enleia-se-o com um panno e humedece-se este com sumo de limão; depois de vinte e quatro horas, tira-se-lhe o panno e enche-se-o com os miudos de quatro gallinhas, uma mão cheia de carapicús, uma cebola, meia libra de toucinho, tudo muito bem picado; ajuntão-se-lhe trez gemas d'ovos, sal, noz moscada, e enche-se o perú com a massa.

Enfiado assim no espeto, assa-se-o, involto em lascas de toucinho muito finas, e, estando cozido, tira-se-lhe o resto do toucinho; involve-se o perú em pão ralado, e continua-se a assal-o até tomar côr sufficiente; serve-se com seo môlho, depois de tirada a gordura.

18. Perú lardeado e assado no espeto. — Toma-se um perú novo, lardeia-se-lhe o peito com toucinho fino, e põe-se-o de môlho em vinagre, cravo da India, folhas de louro, cebola, pimenta, e sal; passadas quatro horas, enfia-se-o no espeto, e assa-se, humedecendo-o com um copo de leite bem gordo, e depois com o môlho que pingou, e serve-se com saladas.

19. Perú de escabeche assado no espeto. — Põe-se o perú vinte e quatro horas de môlho em soro de leite com sal, um pouco de assucar, cravo da India e um dente de alho; depois involve-se-o em lascas de toucinho, e enfia-se-o no espeto para assar; estando quasi cozido, tira-se-lhe-o toucinho, involve-se-o em pão ralado, e acaba-se de assal-o até ficar de boa côr, humedecendo-o com nata de leite, para servil-o então á mesa.

20. Perú recheado e assado no espeto. — Picão-se uma libra de presunto cozido, uma libra de vitella, meia de toucinho, quatro ovos cozidos, salsa, duas cebolas, sal, pimenta, cravo da India, e enche-se com este picado o vão do perú: por outro lado, amassão-se uma mão cheia de miolo de pão, amollecido com vinho branco, duas colheres de manteiga de vacca, uma duzia de amendoins socados, meia

---

Cozinheiro Nacional. Publicado por H. Garnier, em 1899.

Pão de ló

Ingredientes

4 ovos inteiros
12 gemas (passadas na peneira)
250g de açúcar peneirado
100g de farinha de trigo peneirada

Preaqueça o forno a 225 °C.
Na batedeira, bata os ovos inteiros com o açúcar até ficarem esbranquiçados. Junte as gemas uma a uma e bata durante 10 minutos. Misture a farinha de trigo com uma colher de pau. Coloque a massa em uma forma redonda furada no meio. Leve ao forno para assar por aproximadamente 45 a 50 minutos.
Para verificar se está assado, espete um palito no centro do bolo – ele deverá sair limpo.
Retire do forno, deixe esfriar e desenforme.

Manuê

Ingredientes

4 ovos
1 xícara (chá) de açúcar
1 ½ xícara (chá) de fubá mimoso
50g de farinha de trigo
½ colher (chá) de fermento em pó
250ml de leite de coco
1 colher (chá) de erva-doce

Preaqueça o forno a 200 °C.
Bata as claras em neve na batedeira. Junte as gemas uma a uma, deixando a massa esbranquiçada. Acrescente o açúcar, batendo sempre. Peneire o fubá, a farinha e o fermento e misture delicadamente à massa com uma colher de pau. Adicione o leite de coco e a erva-doce e misture novamente.
Unte com manteiga uma forma de 24cm de diâmetro, com um buraco no meio. Despeje a massa e leve para assar no forno por cerca de 50 minutos. Para verificar se está assado, espete um palito no centro do bolo – ele deverá sair limpo. Retire do forno, deixe esfriar e desenforme. Polvilhe com açúcar e canela.

Costumes parisienses. Publicado no periódico literário *O Futuro*, em 1862.

A importação de costumes e etiquetas

As moças falavam das modinhas que haviam de cantar ao cravo, e do minuete e do solo inglês [...].

Machado de Assis (2008o, p.642, v.1)

À medida que os jantares e banquetes ganharam importância, a tarefa do cozinheiro profissional foi valorizada e as famílias passaram a contratar estrangeiros para ocupar tal cargo, assim como o de copeiro ou de criado. É o que nos mostra a cena de *Quincas Borba*, no início do romance. O protagonista, Rubião, que acabara de receber a herança do amigo Quincas Borba, regozija-se com os luxos de sua nova vida:

> Um criado trouxe o café. Rubião pegou na xícara e, enquanto lhe deitava açúcar, ia disfarçadamente mirando a bandeja, que era de prata lavrada. Prata, ouro, eram os metais que amava de coração. [...] O criado esperava teso e sério. Era espanhol; e não foi sem resistência que Rubião o aceitou das mãos de Cristiano; por mais que lhe dissesse que estava acostumado aos seus crioulos de Minas e não queria línguas estrangeiras em casa, o amigo Palha insistiu, demonstrando-lhe a necessidade de ter criados brancos. Rubião cedeu com pena. O seu bom pajem, que ele queria pôr na sala, como um pedaço da província, nem o pôde deixar na cozinha, onde reinava um francês, Jean; foi degradado a outros serviços. (Machado de Assis, 2008s, p.762, v.1)

Foram eleitas também governantas, instrutoras e damas de companhia francesas e inglesas. Era o caso de "Mrs. Oswald –, dama de companhia da baronesa" (Machado de Assis, 2008b, p.330, v.1) em *A mão e a luva*, o segundo romance de Machado. De acordo com o narrador, a inglesa era "mulher inteligente e sagaz, dotada de boa índole e serviçal" (id., ibid.).

As reuniões sociais exigiam dos convidados polidez e etiqueta. Era na sala de jantar onde repercutia a educação refinada dos anfitriões, "o bom gosto de uma senhora distincta e delicada se mostra nas menores circunstancias" (Cleser, 1898, p.139).

Para tanto, a burguesia adotou os manuais de boas maneiras importados de Portugal e da França. Um exemplo é o *Tratado prático da civilidade portuguesa*, do padre D. João de Nossa Senhora da Porta Siqueira, cujos capítulos tratam de vários assuntos, desde o beija-mão, as cortesias e as visitas, até a maneira de se comportar durante as refeições.

No ano de 1898, foi lançada a edição brasileira de *O lar doméstico*, de Vera A. Cleser, considerado o primeiro manual de etiqueta para as donas de casa. Era um tratado – bastante similar ao do padre Porta Siqueira – sobre a direção do lar, acompanhado de regras de boas maneiras à mesa com abordagem a temas como recepção de convidados em banquetes, jantares e almoços; orientação sobre a organização dos cardápios; serviço de copeiros; distribuição dos lugares à mesa; serviço à *la russe* e disposição das iguarias.

As famílias de fino trato também organizavam saraus, bailes, récitas poéticas, encenações teatrais, concertos de piano e reuniões literárias.

Na série de crônicas intitulada *História de quinze dias*, Machado divulga as festas de gala frequentadas pela "*fashion* fluminense" e o "sarau" realizado no palacete do conselheiro Sizenando Nabuco em comemoração ao aniversário da filha, em agosto de 1877. "Sei que lá reinaram a graça e a elegância; que a animação foi geral e constante" (Machado de Assis, 2008m, p.376, v.4).

Cenas familiares. Publicado na revista *Dom Quixote* (n.5), em 1895.

Não havia saraus nas casas abastadas sem um piano. Brás Cubas, o peculiar narrador de *Memórias póstumas*, recorda as manifestações musicais na casa de seus pais em comemoração à queda de Napoleão em 1814:

> As moças falavam das modinhas que haviam de cantar ao cravo, e do minuete e do solo inglês; nem faltava matrona que prometesse bailar um oitavado de compasso, só para mostrar como folgara nos seus bons tempos de criança. (Machado de Assis, 2008o, p.642, v.1)

Algumas décadas depois, ao som do piano de Ernesto Nazareth dançavam-se a valsa e a polca, e os convidados entretinham-se com os passos e rodopios dos dançarinos. Diplomatas, políticos, literatos e homens de negócios – enfim, a nata carioca – frequentavam os salões dos barões e viscondes. Um dos mais concorridos era o do palacete da viscondessa de Silva: "[O] grande salão com seus damascos vermelhos, que dava sobre a Praia de Botafogo, ou na sala de baile, azul e ouro", palco de bailes, concertos, jogos, palestras, representações, nos quais "entretinha-se a alta roda da corte" (Pinho, 1942, p.149).

Machado frequentava os saraus e participava das representações teatrais nos salões da boa sociedade:

> A dança, a música, o teatro, a poesia, o galanteio, o *flirt*, a inteligência, o bom humor tiveram no salão da Marquesa de Abrantes – Viscondessa de Silva –, Baronesa do Catete, o melhor campo, florido e ameno, para expansões na vida social e elegante do Rio de Janeiro, durante o reinado de D. Pedro II. (idem, p.54)

Significativamente, como lembra Wanderley Pinho, a última comemoração no salão da Viscondessa foi em 23 de outubro de 1875 com a apresentação de uma comédia de Machado de Assis, seguida de baile em homenagem ao Barão de Cotegipe.

Cenas familiares. Publicado na revista *Dom Quixote* (n.5), em 1895.

A *"fashion fluminense"*. Publicado por A. Hénault, em 1908.

"Hoje é dia de festa"

Hoje é dia de festa cá em casa; recebo Luculo à minha mesa. Como o jantar do costume é rústico e parco, sem os requintes do gosto nem a abundância da gula, entendi que, por melhor agasalhar o hóspede, devia imitar o avaro de uma velha farsa portuguesa: mandar deitar ao caldeirão "mais uns cinco réis de espinafres". Noutros termos, enfunar um pouco o estilo. Não foi preciso; Luculo traz consigo os faisões, os tordos, os figos, os licores, e as finas toalhas, e os vasos murrinos, o luxo todo, em suma, de um homem de gosto e de dinheiro.

Machado de Assis (2008e, p.183, v.2)

Como já vimos, no romance *Memórias póstumas de Brás Cubas* – em "Um episódio de 1814" –, o protagonista narra o jantar de gala oferecido por sua família em comemoração à queda de Napoleão.

> Mas eu não quero passar adiante, sem contar sumariamente um galante episódio de 1814; tinha nove anos. [...] Não se contentou a minha família em ter um quinhão anônimo no regozijo público; entendeu oportuno e indispensável celebrar a destituição do imperador com um jantar [...]. Veio abaixo toda a velha prataria, herdada do meu avô Luís Cubas; vieram as toalhas de Flandres, as grandes jarras da Índia; matou-se um capado; encomendaram-se às madres de Ajuda as compotas e as marmeladas; lavaram-se, arearam-se, poliram-se as salas, escadas, castiçais, arandelas, as vastas mangas de vidro, todos os aparelhos do luxo clássico. [...] Era à sobremesa [...]. Aqui o ananás em fatias, ali o melão em talhadas, as compoteiras de cristal deixando ver o doce-de-coco, finamente ralado, amarelo como uma gema – ou então o melado escuro e grosso, não longe do queijo e do cará. (Machado de Assis, 2008o, p.640-2, v.1)

O Convento da Ajuda, a que a passagem se refere, fundado no centro do Rio no século XVIII, abrigava renomadas confeiteiras. Peritas na arte da doçaria, produziam bons-bocados, mães-bentas, cocadas, suspiros, filhós, pastéis de Santa Clara, babas de moça e compotas de frutas, entre outras iguarias.

A receita original da mãe-benta do Convento da Ajuda está registrada no *Dicionário do doceiro brasileiro*:

> quinhentos gramas de fubá de arroz, 500 ditas de manteiga, 500 ditas de assucar refinado, 24 ovos dos quaes 20 sem claras, um coco da Bahia ralado, agua de fllor e herva doce quanto baste. Depois de tudo bem batido leva-se ao forno em formas forradas com folhas de bananeiras passadas pelo fogo. O forno deve estar quente como se fosse para pão de ló. (Rego, 1892, p.389)

Uma das comemorações mais importantes era o Natal, festejado com pompa, em ceia servida após a Missa do Galo. A mesa exibia religiosamente o porco assado inteiro com uma fatia de limão à boca, o peru recheado com farofa, a galinha à cabidela e outros guisados.

Mãe-benta

Ingredientes

125g de manteiga
125g de açúcar
3 ovos
125g de farinha de arroz
50ml de leite de coco

Preaqueça o forno a 180 °C.
Na batedeira, bata a manteiga com o açúcar, acrescente as gemas uma a uma e continue batendo até a massa ficar esbranquiçada. Desligue a batedeira e acrescente a farinha de arroz, alternando com o leite de coco, e misture com uma colher de pau. Bata as claras em neve e junte-as à massa, misturando delicadamente. Coloque as forminhas de papel dentro das formas de empada para que não percam o formato ao assar. Despeje a massa deixando cerca de 1cm de borda. Leve ao forno para assar de 30 a 40 minutos, ou até que estejam douradas.

Doce de coco

Ingredientes

½kg de açúcar
1 ½ copo de água
6 gemas (passadas na peneira)
½ copo de leite
1 coco grande
1 colher (sopa) de manteiga
3 cravos
1 pedaço de canela em pau

Rale o coco na parte mais grossa do ralador. Prepare a calda de açúcar em ponto brando. Retire a panela do fogo, junte o coco e misture à calda. Separadamente, bata as gemas, adicione o leite e junte à calda de açúcar. Volte a panela ao fogo, adicione os cravos e a canela e deixe a cocada cozinhar em fogo brando, sem parar de mexer até pouco antes de aparecer o fundo da panela para não açucarar. Desligue o fogo, acrescente a manteiga e misture bem.

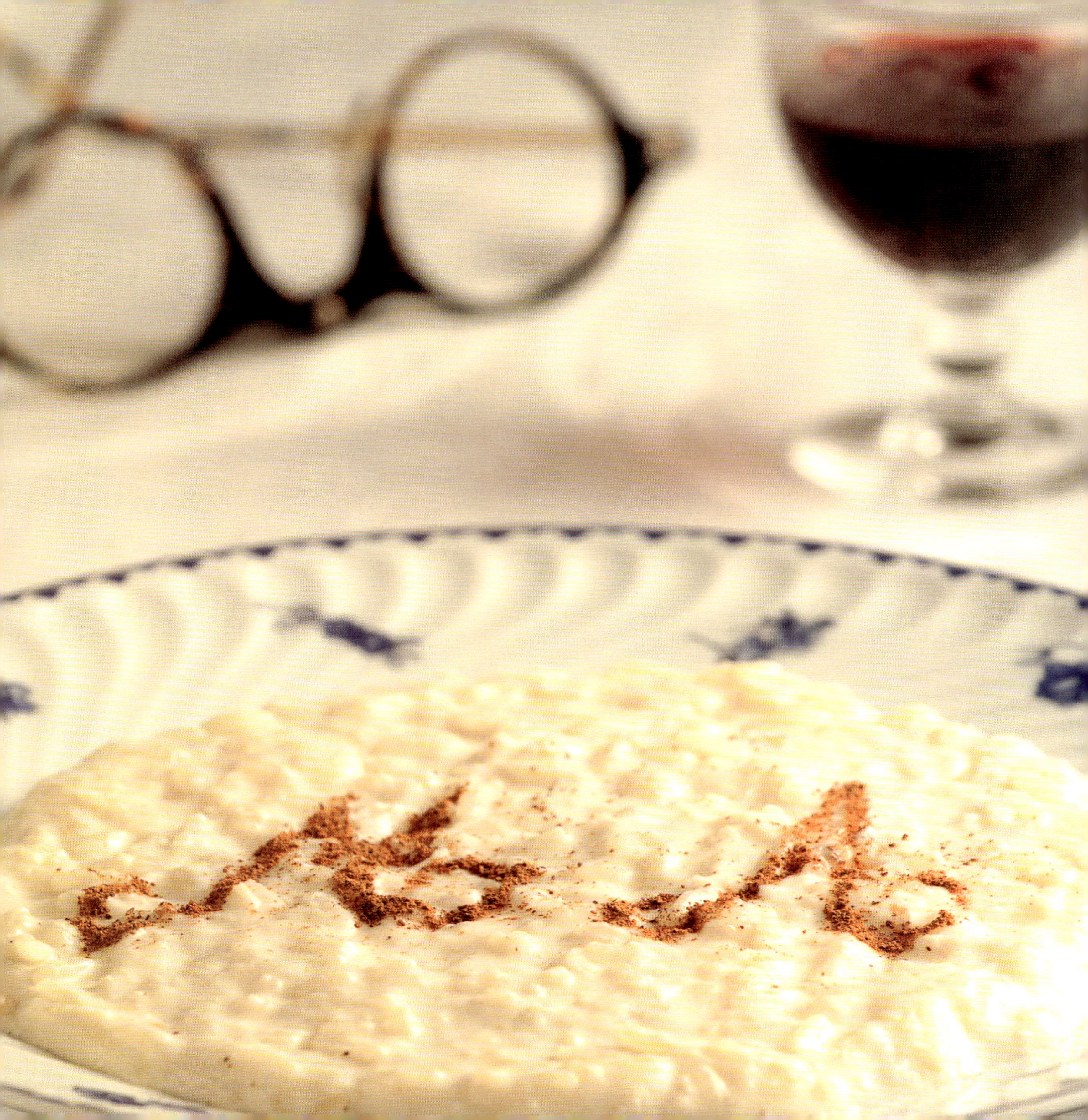

Arroz de leite

Ingredientes

1 xícara (chá) de arroz lavado e escorrido
2 xícaras (chá) de água
2 litros de leite
2 paus de canela
Casca de limão ralada sem a parte branca
1 colher (sopa) de manteiga
1 pitada de sal
200g de açúcar
Canela em pó para polvilhar

Leve ao fogo o arroz com a água e deixe ferver em fogo brando até que o arroz fique ligeiramente cozido.
Ferva o leite em outra panela com os paus de canela e as raspas de limão.
Abaixe o fogo, acrescente o arroz e deixe terminar de cozinhar (colocar um pires no fundo da panela para o arroz não grudar).
Mexa de vez em quando. Acrescente o açúcar depois que o arroz estiver cozido.
Retire do fogo e junte uma colher de manteiga e uma pitada de sal.
Deixe esfriar, coloque em pratinhos de sobremesa e polvilhe com canela em pó.

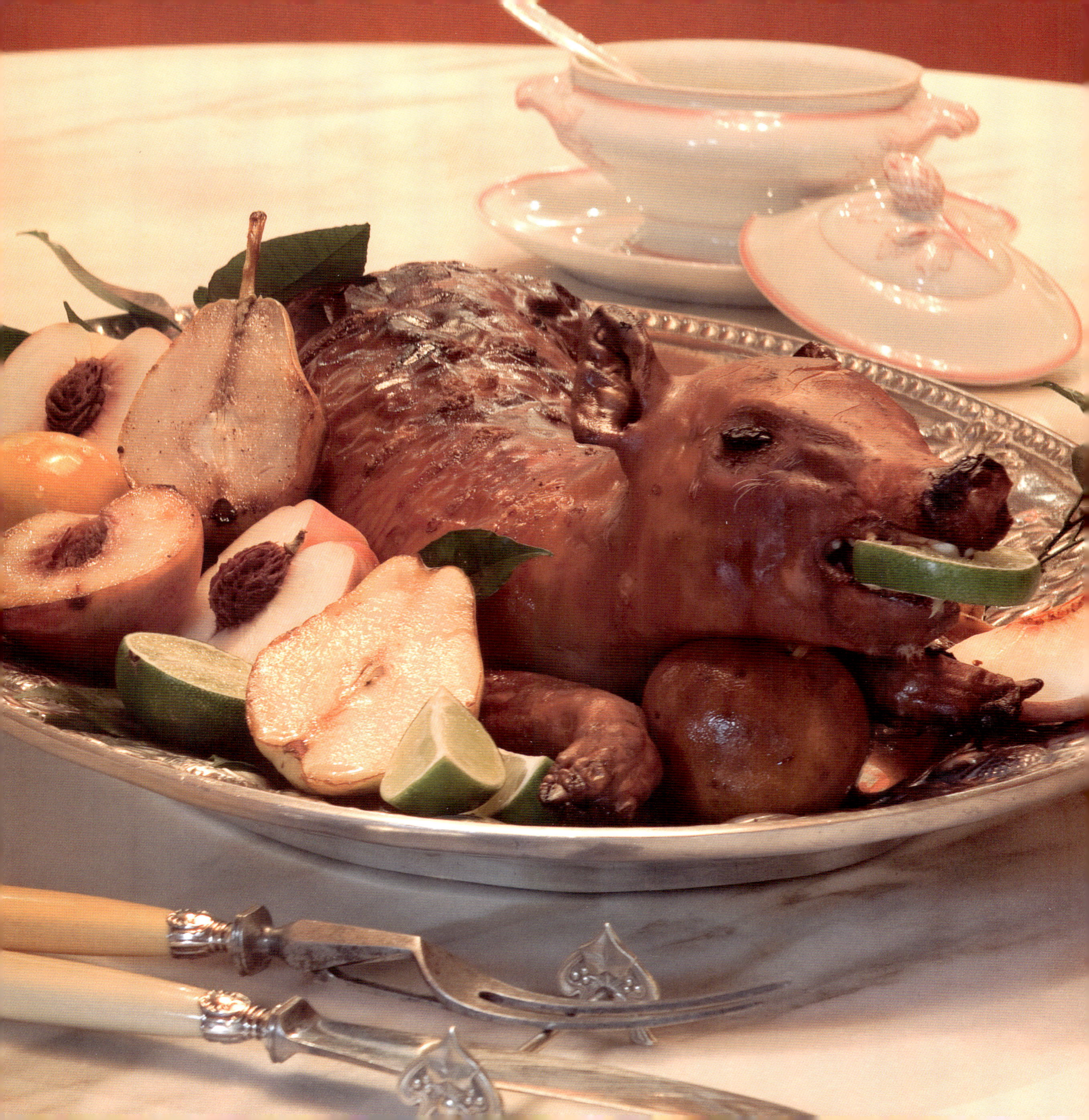

Leitoa de leite à pururuca

Ingredientes

1 leitoa de leite de 3 a 4kg
2 ½kg de paleta de porco desossada e aberta em manta
1 colher de banha
3 dentes de alho amassados
Sal grosso a gosto
Pimenta-do-reino a gosto
2 cenouras cortadas em rodelas
1 alho-poró cortado em rodelas
2l de vinho branco
1l de água
200g de cebola picada
2 talos de salsão cortados
3 folhas de louro
1 ramo de tomilho
1 ramo de alecrim
3 cravos-da-índia
Suco de limão

Peça para o açougueiro desossar a leitoa, tirando a coluna e as costelas.
Limpe e lave bem a leitoa com água corrente, por dentro e por fora. Escorra e enxugue-a com um pano de prato limpo. Num pilão, soque a banha com os alhos, o sal grosso e a pimenta-do-reino. Esfregue o tempero por dentro e por fora da leitoa. Tempere a manta da paleta do mesmo modo. Coloque no centro da paleta as cenouras e o alho-poró e enrole como um rocambole. Encha a barriga da leitoa com a paleta e costure. Numa tigela grande, coloque a metade das ervas no fundo e a leitoa por cima. Regue com o vinho e a água até cobrir a leitoa. Acrescente o restante das ervas por cima. Deixe de dois a três dias na geladeira, virando de vez em quando. Aqueça o forno a 200 ºC.
Coloque a leitoa no forno coberta com papel alumínio, protegendo o rabo e a cabeça para não queimar. Diminua a temperatura do forno para 180 ºC. Asse por aproximadamente 6 horas, regando com a vinha-d'alho. Depois que a leitoa estiver assada, coe o caldo e leve ao fogo com ½ xícara (chá) de água. Acrescente o suco de limão e deixe apurar.

Rabanada

Ingredientes

½l de leite
4 colheres (sopa) de açúcar
1 casca de limão
1 vagem de baunilha cortada na longitudinal ou 6 gotas de essência
4 ovos
1 bengala amanhecida em fatias
Óleo para fritar
Açúcar e canela para polvilhar

Leve o leite para ferver com o açúcar, a casca de limão e a vagem de baunilha. Bata os ovos. Corte o pão em fatias de cerca de 1,5cm. Passe-as no leite e depois nos ovos batidos.
Frite em óleo bem quente, e escorra sobre papel toalha.
Sirva a rabanada polvilhada com açúcar e canela.

Depois desfilavam à farta as sobremesas – as compoteiras de cristal exibiam os coloridos doces em calda, as travessas de "arroz de leite, com o indispensável pó de canela" (Machado de Assis, 2008g, p.805, v.4) e bandejas de docinhos de coco e de abóbora, beijinhos, camafeu e quindins, além da infalível rabanada.

Nas festas de Natal e no dia de Reis, os presentes oferecidos aos amigos eram um leitão ou um peru vivo. No Natal de 1892, escreve Machado na *Gazeta de Notícias*:

> hão de ouvir as vozes femininas, e, pois que tiveram outra função social, estremecerão ao eco dos séculos extintos. A frase vai-me saindo com tal ou qual ritmo que parece verso. Talvez por causa do assunto. Falemos de um triste leitão, que ouvi grunhir agora mesmo no largo da Carioca. Ia atado pelos pés, dorso para baixo, seguro pela mão de um criado, que o levava de presente a alguém; é véspera de Natal. Presente cristão, costume católico, parece que adotado para fazer figa ao judaísmo. Será comido amanhã, domingo; irá para a mesa com a antiga rodela de limão, à maneira velha.[1] (Machado de Assis, 2008c, p.947, v.4)

As festas, não apenas as natalinas, eram sempre uma boa ocasião para a apresentação de uma culinária refinada, que agradava não só aos olhos mas também ao paladar.

Bom exemplo disso foi um jantar festivo no salão dos Cotegipe. A ementa foi preparada pela Confeitaria Ouvidor e os pratos foram expostos na mesa central: perus recheados, pernas de carneiro, galinhas assadas, fritadas de camarões, travessas com fatias de fiambre, *roast beef, sandwiches*. Como acompanhamentos havia pães, azeite, mostarda e a indispensável farinha de mandioca para contentar os paladares nativos. No aparador auxiliar repousavam as cestas de frutas recheadas de uvas, figos, fatias de melão e também uma variedade de compoteiras com os mais saborosos doces de frutas em calda guarnecidos com queijo flamengo. Esse repertório de iguarias foi regado a Moët & Chandon, Veuve Clicquot, xerez, Porto, conhaque e licores (Pinho, 1942, p.325).

Expressivo também foi "O último brinde" da casa Imperial dos Bragança, na ocasião das bodas de prata da princesa Isabel e do conde d'Eu, em 15 de outubro de 1889. A comemoração foi no Cassino Fluminense com um baile e um serviço de *buffet* encomendado à Confeitaria Castelões. A ceia apresentava o melhor da gastronomia fluminense, "dividida para o serviço do salão, ceia volante, *buffet* fixo, ceia regulamentar e mesas servidas" (Cascudo, 1983, p.772).

"*Sur les buffets: Canja à la brésilienne et consommé, Filets de poissons à la Tartare, Langue à la bohémienne, Salade de saumon à la russe, Galantine de macuco, Langue écarlate à la gelée, Jambon d'York, Dindon truffé et à la bresilienne.*" Entre as sobremesas ressaltava o "*Chocolat à la crème, Biscuits à la cuillère, Pain d'araruta, Cosaques assorties*" (idem, p.773).

---

1 Publicado originalmente em "A Semana", na *Gazeta de Notícias*, em 25 de dezembro de 1892.

Salade de saumon à la russe

Ingredientes

400g de filé de salmão defumado
3 laranjas
1 limão
50ml de azeite de oliva
Sal e pimenta-do-reino moída na hora a gosto
2 abacates
40g de pinoli
Salada de folhas verdes

Esprema uma laranja e o limão. Misture os sucos com o azeite, o sal e a pimenta-do-reino. Coloque os filés de salmão em um pirex e regue com a metade do molho. Deixe marinar por 20 minutos.
Retire a casca e o branco de duas laranjas e corte-as em gomos. Reserve.
Em uma frigideira, doure os pinolis por dois minutos (sem gordura).
Descasque os abacates e corte-os em fatias.

Montagem do prato

Divida as folhas verdes em seis pratos. Distribua as fatias de abacate no centro do prato. Coloque o salmão marinado sobre as fatias de abacate e regue com o restante do molho de laranja. Salpique os pinolis por cima do salmão.
Decore com gomos de laranja.

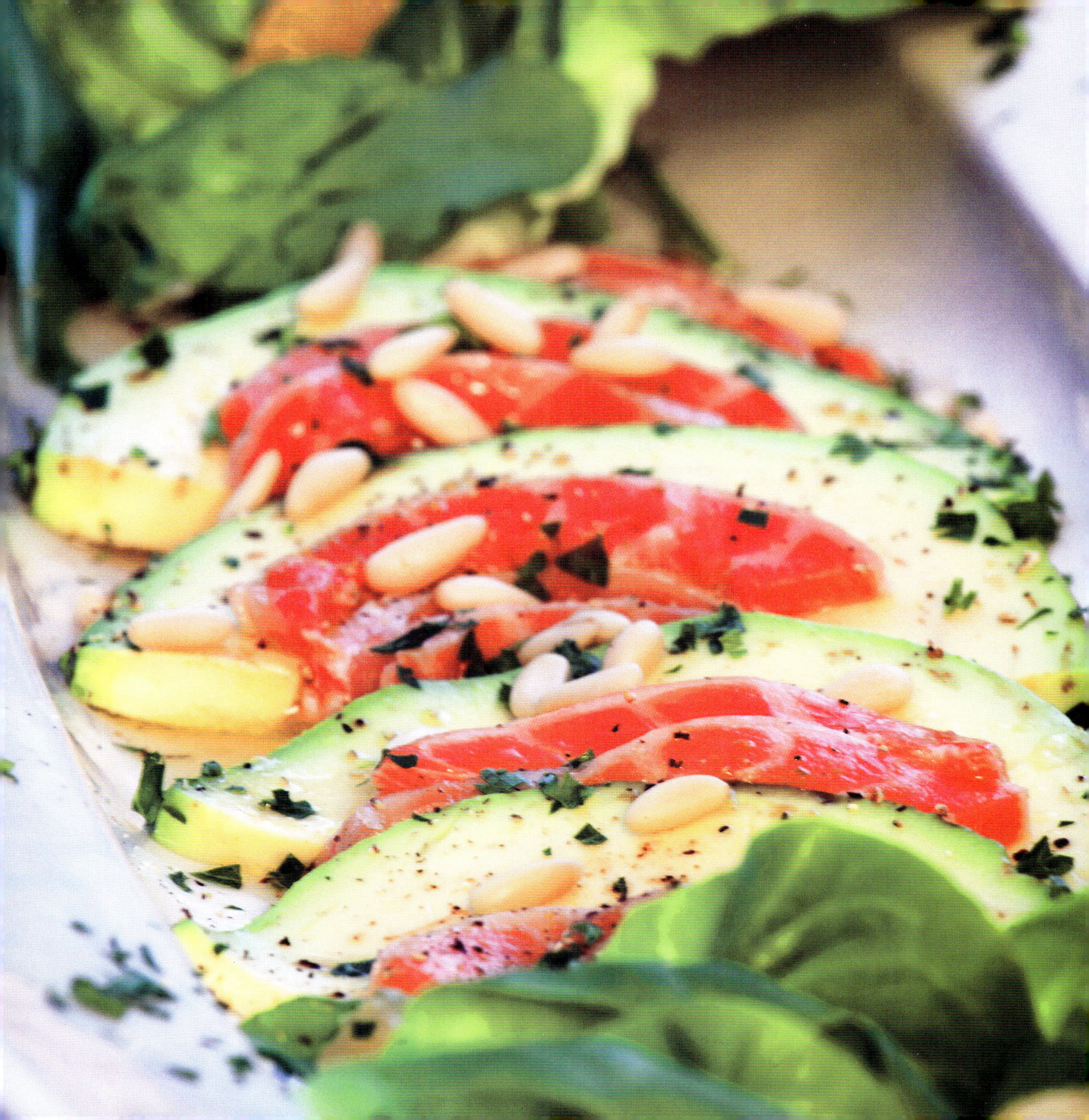

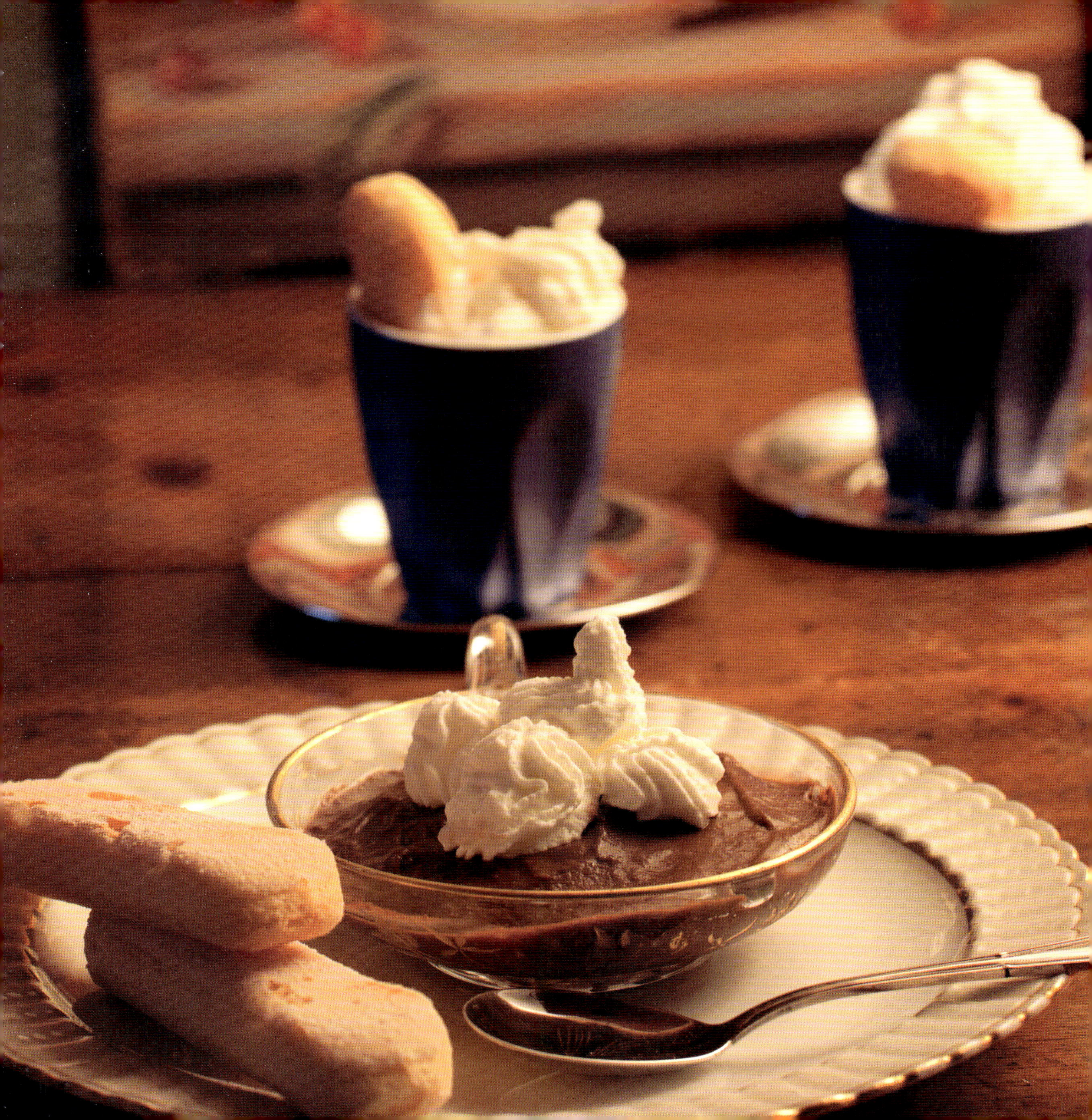

Chocolat à la crème

Ingredientes

200g de chocolate meio amargo
250ml de leite
25ml de uísque
250ml de creme de leite
50ml de café forte ou 2 colheres (chá) de café instantâneo
80g de açúcar
4 gemas
1 ovo inteiro
Manteiga para untar os ramequins

Preaqueça o forno a 180 °C.
Corte o chocolate em pedaços pequenos e derreta-os em banho-maria com uma xícara (chá) de leite, o uísque e o café. Mexa com uma colher de pau. Depois de derretido, retire o chocolate do banho-maria, e acrescente o restante do leite e o creme de leite e leve ao fogo baixo por 3 minutos. Bata as gemas e o ovo com o açúcar em um recipiente fundo. Despeje a mistura de chocolate e bata com um *fouet*, até ficar bem amalgamado. Unte os ramequins com manteiga e distribua o creme de chocolate.
Leve ao forno em banho-maria por cerca de 30 minutos. Retire do forno, deixe esfriar e leve ao refrigerador por uma hora. Sirva com creme chantili e biscoitos diplomata.

Jean-Baptiste Debret. *Presentes de Natal*, 1835.

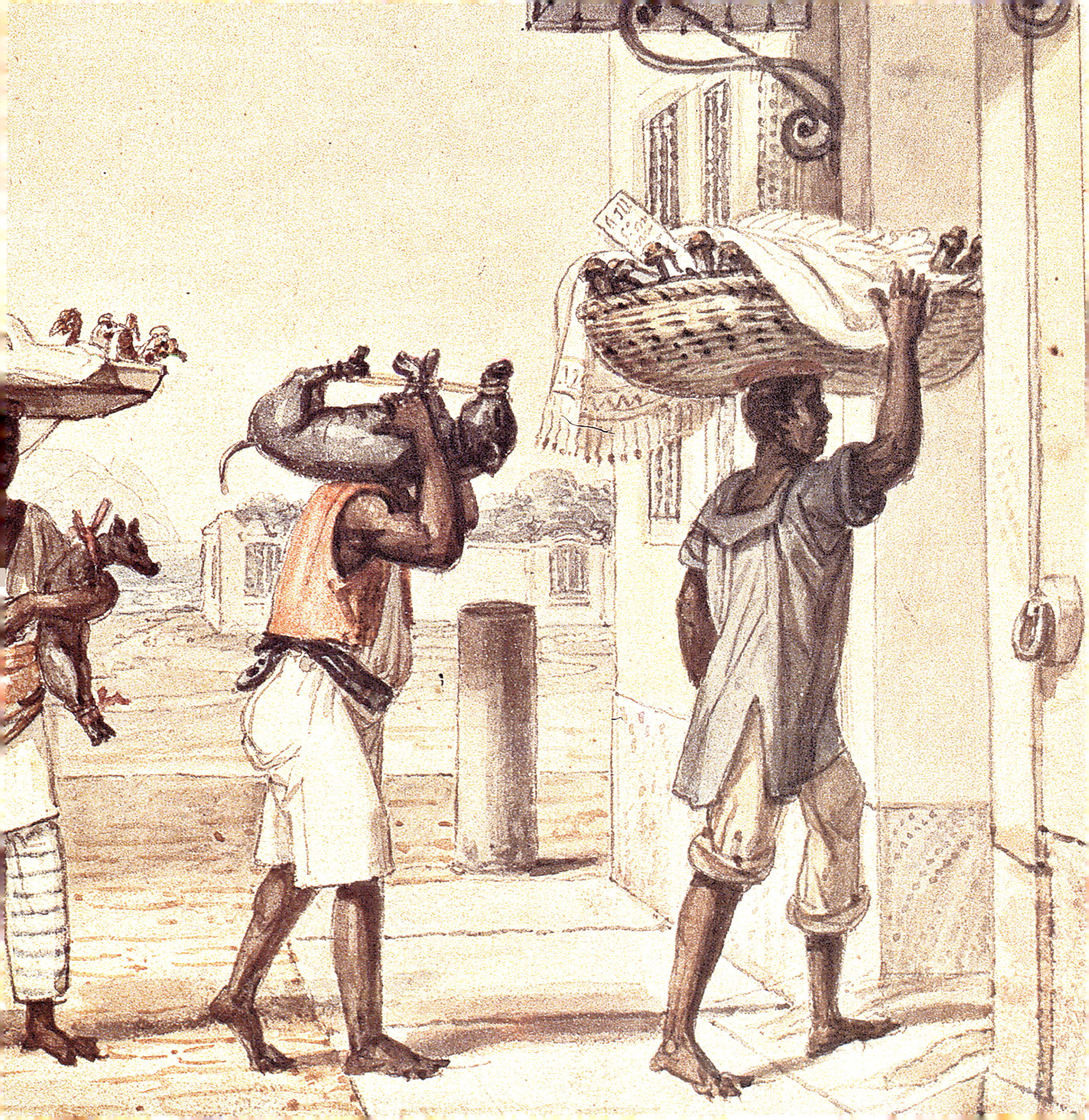

Menu do Hotel de La Bourse. Publicado no jornal BA-TA-CLAN (n.9), em 1867.

Prato de colher ou de garfo

Só com a presença de muitos estrangeiros na cidade se difundiu o hábito de comer fora de casa, sobretudo os almoços – ou seja, a primeira refeição do dia acontecia logo de manhã, e os jantares eram servidos do meio-dia em diante nas chamadas "casas de pasto".

Maria Beatriz Nizza da Silva (2007, p.34)

O hábito de comer fora de casa foi imposto aos segmentos sociais de baixa renda devido ao horário de trabalho das casas comerciais, que encerravam seu expediente às 22 horas.

Os portugueses ofereciam opções populares, como tavernas, botequins e casas de pasto, em geral frequentadas por funcionários públicos, operários, caixeiros e pequenos comerciantes.

As tavernas ou adegas eram uma espécie de armazém onde se vendiam vinhos, cachaça e outros tipos de bebidas alcoólicas, além de petiscos e comidas caseiras a bom preço. Já os botequins exibiam em suas vitrines acepipes variados: sardinhas fritas ou a escabeche, ovos cozidos coloridos, empadas de camarão, frango ou palmito, lulas empanadas ou ao molho, pernil de porco com um suculento molho de tomate e outros tira-gostos. Geralmente havia uma sala nos fundos com mesas de sinuca.

As casas de pasto, por sua vez, atendiam uma camada média. As refeições servidas eram de dois tipos: "prato de colher" ou "prato de garfo". O "prato de colher", conhecido também como "prato único", dispunha das seguintes opções: sarrabulho,[1] "iscas com elas" ou "sem elas",[2] tripas à moda do Porto, guisado de mocotó, canja de galinha e angu de quitandeira. A segunda alternativa, o "prato de garfo", tinha menu fixo, a preço único. O cardápio, mais leve e refinado, era acompanhado por meia garrafa de vinho.

Segundo Maria Beatriz Nizza da Silva,

> Na casa de pasto "Cruz de Malta" servia-se mesa redonda, entre uma e duas horas, por 600 réis, e a refeição compunha-se de "uma sopa, um cozido, três pratos de diferentes qualidades, um de pastéis ou doce, sobremesa e meia garrafa de vinho".[3] (Silva, 1978, p.16)

Os frequentadores com mais recursos podiam pagar pela distinção de se instalarem em mesas individuais. O Hotel Royaume du Brésil, na Travessa da Alfândega, proporcionava aos comensais as melhores alternativas:

> mesa redonda às 2 horas e meia, pelo preço de 800 réis, compreendida uma garrafa de vinho de Bordéus, ou meia do Porto. Dão jantares em mesas particulares com serviço decente e preços cômodos. Também mandarão jantares para fora de casa. Na mesma há uma sala para almoços de café, fiambres etc. (apud Silva, 2007, p.35-6)

---

1 O sarrabulho é um prato de origem indiana trazido ao Brasil pelos portugueses. Trata-se de um ensopado preparado com carne, miúdos e sangue de porco.
2 "Iscas com elas" é um prato composto de bacalhau com batatas, enquanto "sem elas" é aquele que não leva batatas.
3 Publicado originalmente na *Gazeta do Rio de Janeiro*, n.30, 1820.

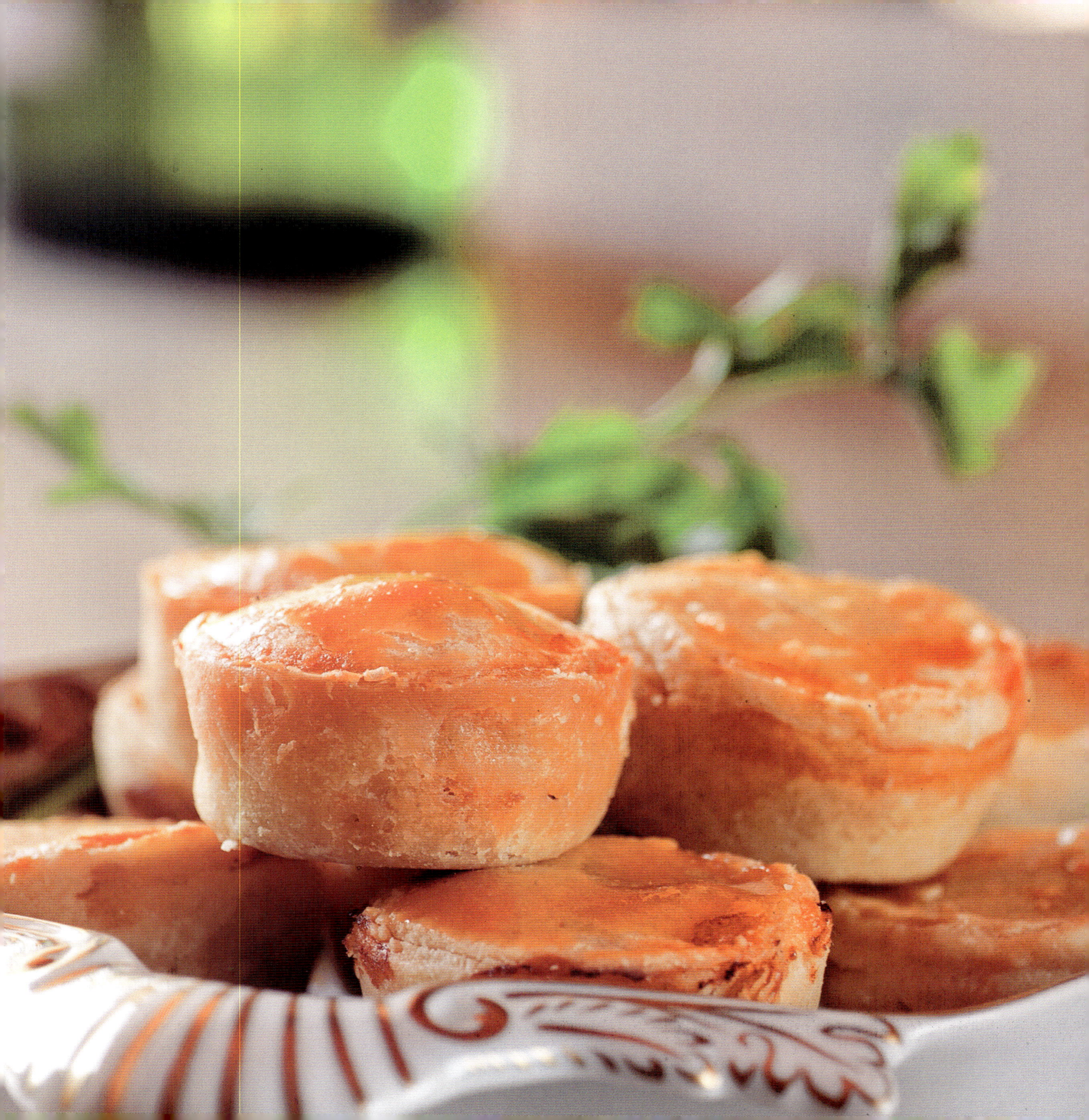

Empada de camarão

Ingredientes da massa

¾ de xícara (chá) de farinha de trigo
½ xícara (chá) de manteiga
1 pitada de sal
½ xícara (chá) de água gelada
1 gema
2 gemas para pincelar

Coloque a farinha de trigo em uma tigela, adicione a manteiga, a gema e o sal. Amasse, adicionando aos poucos a água gelada, até obter uma massa homogênea. Enrole a massa em papel filme e leve à geladeira por 30 minutos.

Ingredientes do recheio

500g de camarões miúdos, descascados e limpos, temperados com sal e pimenta 15 minutos antes de preparar o recheio
2 colheres (sopa) de azeite de oliva
1 cebola média picada
1 dente de alho amassado
2 colheres (sopa) de molho de tomate
1 xícara (chá) de caldo de camarão
Sal e pimenta-do-reino a gosto
1 colher (sopa) de farinha de trigo
1 lata de palmito (picado)
2 colheres (sopa) de cheiro-verde picado

Aqueça o óleo em uma panela e refogue o alho e a cebola. Acrescente o molho de tomate, o caldo de camarão, o sal, a pimenta-do-reino e o palmito. Polvilhe com farinha de trigo e deixe cozinhar sem parar de mexer, até o caldo engrossar. Acrescente os camarões, o cheiro-verde e misture bem. Retire o recheio do fogo e deixe esfriar. Preaqueça o forno a 200 ºC. Entre duas folhas de papel filme, estenda a massa com um rolo. Unte as forminhas com manteiga e forre com a massa. Encha as forminhas com o recheio, cubra com a massa e pincele com as gemas batidas. Leve ao forno por aproximadamente 30 minutos.

Machado de Assis na Confeitaria Castelões. Publicada na revista *Fon-Fon*, 1907.

"Perdoem ao guloso"

Podemos dizer que o Segundo Reinado foi a fase da confeitaria. Confeitarias de luxo, bem instaladas, sortidas de artigos finos, importados, serão pontos de conversação literária, de boemia até a chamada belle époque.

Renault (1982, p.21)

Os moradores estrangeiros imprimiram um novo ritmo à cidade ao promoverem a abertura de estabelecimentos especializados na venda e na confecção de alimentos: mercearias de secos e molhados, padarias, rotisserias, confeitarias e restaurantes.

Graças aos franceses, popularizou-se a confecção de pães, até então iguaria de luxo, pois a maioria da população não tinha acesso à farinha de trigo e contentava-se com a de mandioca. Para o viajante Carl Seidler, o pão fabricado no Brasil era de boa qualidade, mas caro:

> O pão fabricado na capital do Império era branco e bonito, mas não era barato. Navios americanos constantemente descarregavam no porto do Rio de Janeiro o trigo necessário ao consumo do país, mas o homem comum quase nunca comia pão. A farinha extraída da raiz de mandioca era o seu substituto. (Seidler, [s.d.], p.71)

No Segundo Reinado prosperou o número de confeitarias refinadas, dirigidas por *pâtissiers* franceses e italianos, especialistas na preparação de doces e salgadinhos sofisticados. Esses estabelecimentos combinavam o sabor dos tradicionais doces portugueses e brasileiros com as novidades oriundas da França e da Itália.

Nos escaparates das confeitarias viam-se *éclairs* de chocolate e creme, *nougats*, marrons-glacês, *gâteau* Saint-Honoré, *Vacherin*, babá ao rum, *petits fours*, bombons, *madeleines* e brioches, em sintonia com os bons-bocados, mães-bentas e manuês, pastéis de nata e casadinhos. Eram igualmente servidos petiscos inigualáveis, como empadas com recheios especiais de peixe, marisco, frango, camarão e peru, além de croquetes, pastéis, casadinhos de camarão e pastelões. Os clientes também podiam ser atendidos em domicílio, com serviços de bufê em festas e jantares.

No Rio de Janeiro, devido ao calor, habitualmente tais iguarias eram acompanhadas de água imperial (gaseificada) e bebidas "refrigerantes", como a limonada fluminense, preparada com "uma parte de vinho tinto de Lisboa, três partes de água fria, três colheres de assucar e o sumo da metade de um limão [...]" (Salles, 1886, p.248), suco de ananás, caju ou laranja ou, ainda, capilé, uma bebida refrescante preparada com xarope de açúcar e suco de avenca.

Quanto às bebidas alcoólicas, as prateleiras expunham as mais variadas opções, como champanhe francês, vinhos de Bordeaux e da Borgonha, de Portugal, licores e absinto. Machado, assíduo frequentador das confeitarias espalhadas pelas principais ruas do centro, ia seguidamente à Confeitaria Castelões,

> às quatro horas da tarde, absorver duas ou três mães-bentas, excelente processo para abrir a vontade de jantar. Embalde um partido eclético se lança ao uso do pastel de carne com

Karl Theremin. *Teatro Imperial*, 1835.

Anúncio da Confeitaria Deroche. Publicado no jornal *BA-TA-CLAN* (n.10), em 1867.

açúcar, conciliando assim, num só bocado, o jantar e a sobremesa.[1] (Machado de Assis, 2008p, p.408, v.4)

Há até quem diga que "Machado de Assis, José Veríssimo, Euclides da Cunha e Walfrido Ribeiro gostavam de ir juntos tomar um aperitivo na *terrasse* da Castellões" (Carvalho, 1981, p.13).

Confeitaria Castelões. Publicado no *Almanak Laemmert*, em 1850.

Também muito popular, a Confeitaria Franceza, de propriedade do confeiteiro Cailtau, servia vários tipos de coquetéis e chope alemão acompanhados do famoso sanduíche de galinha, fiambre e mostarda.

A famosa Confeitaria Carceller, pertencente a José Thomas Carceller e H. Fournier, começou a funcionar em 1824, na Rua do Ouvidor. Era o centro dos acontecimentos, aonde as pessoas iam para ver e ser vistas. Por ali desfilavam políticos, escritores, boêmios, enfim, todos os "figurões" da época.

Em 1865, a viúva Carceller passa sua propriedade para João Gonçalves. O novo proprietário anuncia no *Almanak Laemmert* a confeitaria Carceller como a principal fornecedora da Casa Imperial.

O escritor também visitava a Confeitaria Pascoal, na Rua do Ouvidor. Esse estabelecimento foi de início uma padaria e, mais tarde, transformou-se em uma *delicatéssen*. Os clientes levavam para casa presunto de York, paio, patês e outras guloseimas. Também era fornecedora de pães e doces da Casa Imperial e ponto de encontro da boemia literária. Entre as figuras mais assíduas estavam Olavo Bilac, Martins Fontes e José do Patrocínio, além do próprio Machado de Assis.

Sobre essa confeitaria, Machado escreverá:

> Tempo houve (dirá ele) em que o primeiro frontão da Rua do Ouvidor descendo, à esquerda, perto da Rua de Gonçalves Dias, era uma confeitaria, a Confeitaria Pascoal. Este nome, que nenhuma comoção produz na alma do rapaz nascido com o século, acorda em mim saudades vivíssimas. A casa da mesma rua, esquina da dos Ourives, onde ainda ontem (perdoem ao guloso) comprei um excelente paio, era uma casa de jóias, pertencente a um italiano, um Farani, César Farani, creio, na qual passei horas excelentes. Fora, fora, memórias importunas![2] (Machado de Assis, 2008c, p.1058, v.4)

Cozinheiro Nacional. Publicado por H. Garnier, em 1899.

---

1 Publicado originalmente em "Notas semanais", em *O Cruzeiro*, em 2 de junho de 1878.
2 Publicado originalmente em "A Semana", na *Gazeta de Notícias*, em 25 de março de 1894.

MENU
DU 21 FEVRIER 1888

BUVETTE
Sirops glacés, Cognac, Liqueurs, Bières assorties

VINS
Bordeaux - Porto - Madère - Xérès - Champagne
Eau de Seltz - Sandwichs - Gâteaux et Biscuits variés

1.er ### SERVICE DU SALON
Glaces moulées aux fruits et à la crème - Gauffres à la Vanille

2.me Thé vert au lait - Thé noir - Gâteau de Savoie
Pain grillé - Plateau monté - Cosaques

3.me ### PUNCH AU KIRSCH
Sorbets - Meringues

SERVICE DU BUFFET
Filet de Sôle - Petits pâtés de Crevettes - Cuissot de volaille
Crevettes farcies - Petits pâtés de Veau
Langue anglaise en aspic - Galantine de Volaille truffée
Dinde à la Brésilienne - Jambon d'York

DESSERT ASSORTI

4.me ### SERVICE DU SALON
Gelée aux fruits

5.me Chocolat à la Crème - Pain de Savoie

Fornecido pela Casa PASCHOAL.   G. LEUZINGER & FILHOS

Menu da Casa Paschoal.

Uma novidade para os brasileiros foi o sorvete. Em 1834 aportou no Rio de Janeiro o navio americano Madagascar, com 160 toneladas de blocos de gelo, trazidos de Boston e acondicionados em serragem. Os blocos eram "enterrados e conservados em covas profundas por quatro ou cinco meses" (Carvalho, op. cit., p.7). "O gelo, a princípio, não foi muito bem recebido pelo carioca: parecia que lhe queimava a boca [...]" (Dunlop, 1955, p.109).

Mas, enfim, os sorvetes caíram no gosto das famílias cariocas como relata Wanderley Pinho:

> As confeitarias eram frequentadas pelas senhoras acompanhadas pela família, sentando-se à roda das mesas, e pedindo sorvetes nevados, doces, pastéis, vinhos [...] os copos transbordando com o sorvete piramidal que pela cor das frutas desafiava o apetite e trazia água à boca [...]. (Pinho, 1942, p.267)

O Café do Círculo do Comércio, pertencente ao italiano Luigi Bassini, foi um dos primeiros estabelecimentos a fabricar sorvetes, conforme anunciado no *Jornal do Commercio*:

> do dia 1º do ano em diante se achará na sobredita casa das 10 horas da manhã às 10 horas da noite, tijolos ou matonetti, café gelado, à italiana etc. etc., iguais em qualidades aos que se acham nas melhores sorveterias de Nápoles. Também aprontará encomendas para fora e afiança a prontidão, asseio e qualidade tanto dessas como dos refrescos que se servirem nas suas salas, entre as quais há uma exclusivamente destinada para as senhoras. (apud Figueiredo, 1964, p.141)

A Confeitaria Francioni, outra fornecedora do Paço Imperial, abriu suas portas na Rua Direita (atual Primeiro de Março) e também fez fama com a fabricação de sorvetes. Logo depois da inauguração do estabelecimento cravou uma tabuleta na fachada onde se lia: "Antonio Franzione – Sorveteiro de SS. MM. Imperiais".

A especialidade da casa era sorvete de frutas, entre elas caju, carambola, manga, laranja, abacaxi e pitanga – esta última recolhida nos "'desertos' arenosos do Leme, Copacabana e Ipanema" (Dunlop, op. cit., p.110). Vale ressaltar que D. Pedro II, acompanhado da imperatriz, ia apreciar, em sala reservada, os sorvetes de frutas, sobretudo o de pitanga.

O cenário de novidades e alternativas disponíveis era crescente. Além das confeitarias, outro gênero muito em voga eram as rotisserias, geralmente de propriedade de franceses e italianos. Foram os primeiros estabelecimentos no Brasil a fabricar massas artesanais como: *ravioli*, *vermicelli*, *spaghetti*, *taglierini* e *rigatoni*. Entre os pratos prontos havia lasanha, empadas de crustáceos, frango ou porco, pastéis com picado de carne, torta de perdiz, de frango e doces variados. As rotisserias também ofereciam serviço de entrega de comidas prontas para jantares e recepções.

Sorvete de pitanga

Ingredientes

200ml de água
250g de açúcar
500g de pitanga ou de polpa congelada
Suco de 1 limão

Misture a água e o açúcar em uma panela. Leve ao fogo para ferver, até obter uma calda rala.

Deixe esfriar, incorpore o purê de pitanga e o suco de limão. Misture bem e coloque num recipiente metálico, cubra e leve ao congelador. Quando estiver congelado, bata no processador ou no liquidificador.

Repita a operação por mais duas vezes para evitar que o sorvete se cristalize e perca a cremosidade.

Volte a massa novamente ao congelador e deixe gelar por 12 horas.

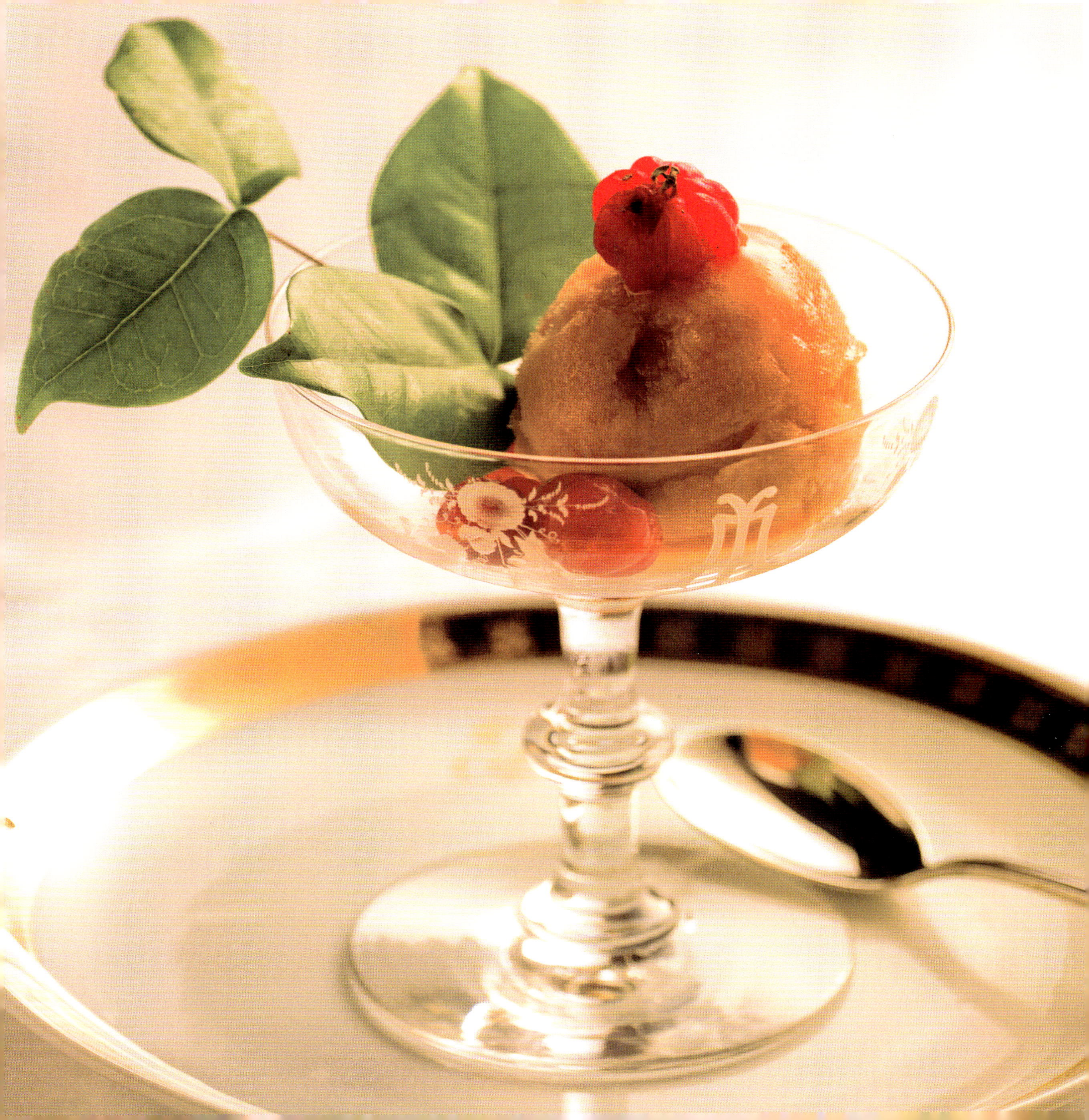

Peras em calda

Ingredientes

12 peras portuguesas bem firmes e descascadas
   (mantenha os cabinhos)
800g de açúcar cristal
3 cravos
1 pedaço de canela em pau
3 xícaras (chá) de água
1 cálice de suco de uva
1 cálice de vinho do Porto

Faça uma calda rala com o açúcar e a água. Junte os cravos, a canela e o suco de uva.
Acrescente as peras e deixe cozinhar por aproximadamente 20 minutos. Elas devem ficar firmes.
Para finalizar, regue-as com vinho do Porto. A calda deve ficar licorosa.

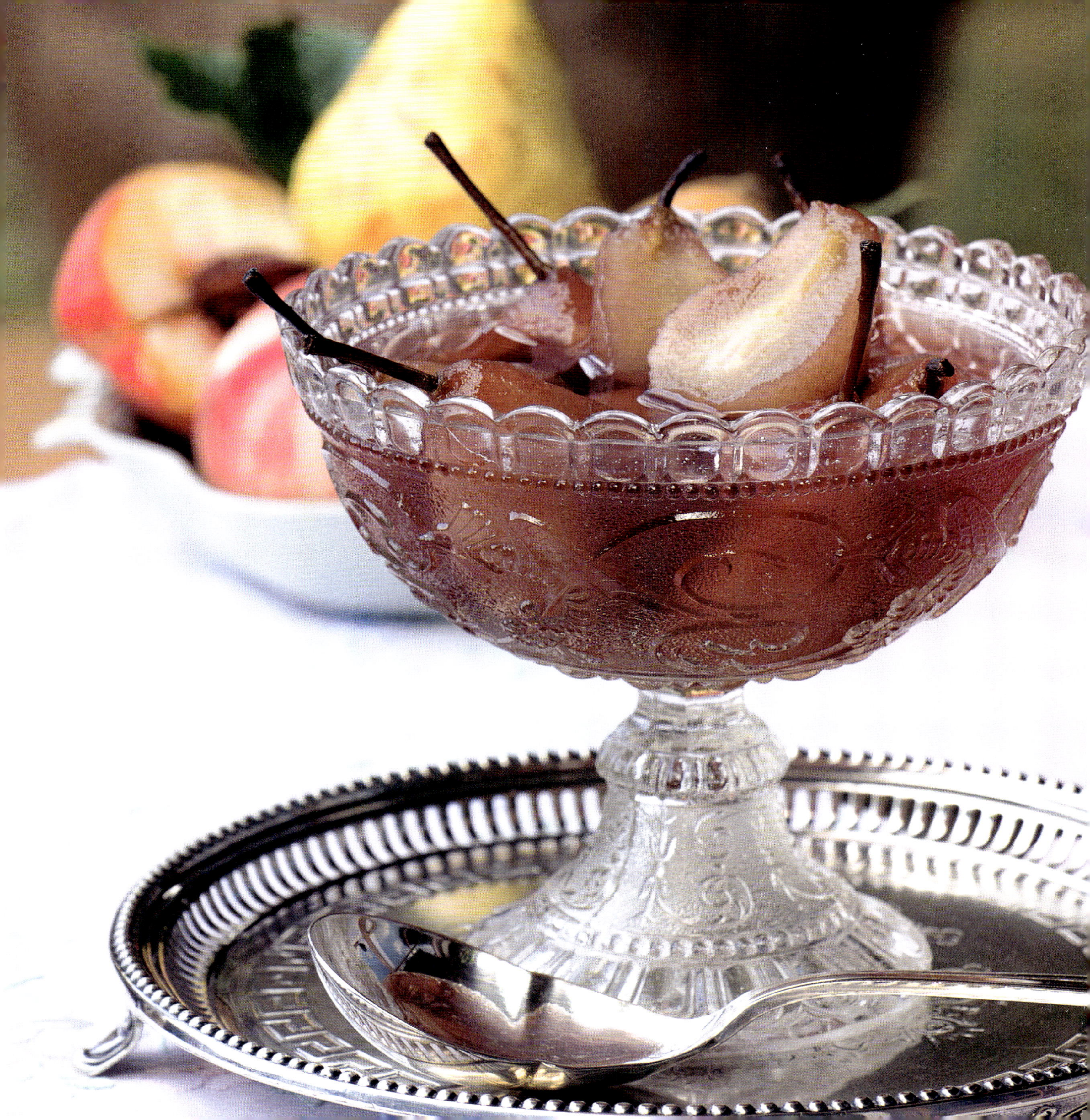

Croquetes de carne

Ingredientes

3 colheres (sopa) de azeite ou de óleo
2 dentes de alho amassados
1 cebola pequena picada
500g de carne moída
Sal a gosto
Pimenta-do-reino (moída na hora) a gosto
100ml de água filtrada
2 colheres (sopa) de farinha de trigo
Salsa picada a gosto

Para empanar

2 ovos batidos
50ml de água
150g de farinha de rosca

Aqueça o óleo em uma panela. Refogue o alho e a cebola. Acrescente a carne moída, tempere com sal e pimenta-do-reino e deixe cozinhar em fogo alto para não juntar água. Em um copo, misture a água com a farinha de trigo e despeje na carne, mexendo sempre para ligar a mistura. Junte a salsinha. Leve a carne à geladeira por 1 hora. Molde os croquetes. Empane-os na farinha de rosca, no ovo batido e novamente na farinha de rosca.
Frite em óleo quente. Escorra em papel toalha.

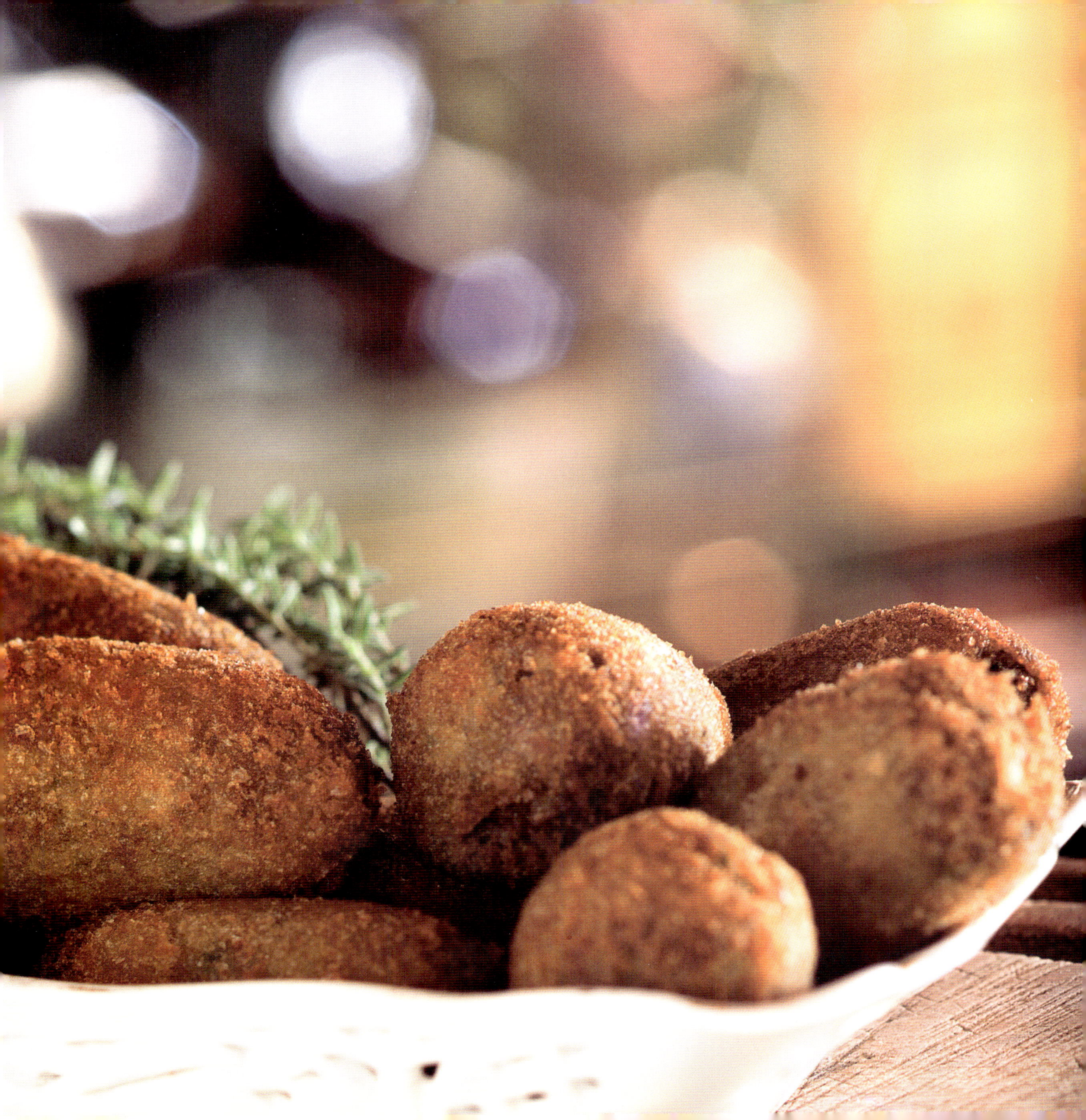

Iluchar Desmons. *Passeio Público*, 1855.

O Rio de Janeiro e seus contrastes

Tudo tende à vacina. Depois da varíola, a raiva; depois da raiva, a difteria; não tarda a vez do cólera-mórbus. [...] Uma vez regulamentado, fará parte dos cafés e confeitarias. [...] Entrará nos códigos de civilidade, oferecer-se-á às visitas um cálice de cólera-mórbus ou de outro qualquer licor.[1]

Machado de Assis (2008c, p.1126-7, v.4)

Machado de Assis testemunhou os acontecimentos políticos que tiveram lugar ao longo do Segundo Império e dos primeiros anos da República, pois viveu de 1839 a 1908. Foram momentos de efervescência social, sobretudo em virtude da abolição da escravatura.

Vários movimentos de caráter liberal e federalista agitaram o país nessa época, entre eles os levantes liberais em São Paulo e Minas Gerais, em 1842; a Revolução Farroupilha, no Rio Grande do Sul, que teve seu termo em 1845; e a Revolta Praieira, em Pernambuco, de 1848 a 1849. Outro fato político importante do período foi a Guerra do Paraguai, entre 1864 a 1870, que acarretou, entre outras coisas, a fundação do Partido Republicano.

Quanto ao fim gradual do modelo escravocrata, podemos considerar como marcos canônicos a proibição do tráfico negreiro, em 1850, a promulgação da Lei do Ventre Livre, em 1871, e a própria abolição da escravatura, em 1888. Segundo vários registros históricos, a população comemorou com entusiasmo e festejou pelas ruas a assinatura da Lei Áurea. Aos olhos do cronista Machado de Assis,

Houve sol, e grande sol, naquele domingo de 1888, em que o Senado votou a lei, que a regente sancionou, e todos saímos à rua. Sim, também eu saí à rua, eu o mais encolhido dos caramujos, também eu entrei no préstito, em carruagem aberta [...]; todos respiravam felicidade, tudo era delírio. Verdadeiramente, foi o único dia de delírio público que me lembra ter visto.[2] (Machado de Assis, 2008c, p.938, v.4)

Porém, nem sempre a relação do Rio de Janeiro com seus cidadãos foi harmônica. Os contrastes sociais, a pobreza e a falta de saneamento, problemas crônicos desde os primórdios da ocupação da cidade, persistiram na segunda metade do século XIX com o aumento populacional e o adensamento urbano.

Nas crônicas do Dr. Semana (um dos pseudônimos de Machado), foram registrados alguns dos principais problemas do Rio, assim como o descaso das autoridades. Um exemplo disso é encontrado nessas irônicas "preleções de gramática":

O princípio ou parte donde alguma ação procede, põe-se em ablativo. Exemplo: a porcaria em que está a cidade de S. Sebastião procede da incúria de muita gente. A febre

---

1 Publicado originalmente em "A Semana", na *Gazeta de Notícias*, em 2 de dezembro de 1894.
2 Idem, 14 de maio de 1893.

A *Semana Illustrada* declara guerra de morte aos leões e tigres.

Henrique Fleiuss. Publicado na *Semana Ilustrada* (n.4), em 1860.

amarela e a colerina procedem do sono dos eleitos do povo. A falta de dinheiro, que todos sentem, procede dos mil e tantos regulamentos e decretos do tesouro.

O lugar onde alguém está, ou onde alguma coisa sucede, põe-se em ablativo. Exemplo: os fluminenses estão em um depósito de pestes. A Câmara Municipal está em um céu de delícias. Os burros e os gatos morrem pelas ruas, e aí ficam dias inteiros. O centro do largo do Rocio é atravessado por quanto carro há, quando havia ordens em contrário.

O lugar donde alguém sai, ou vem, põe-se em ablativo. Exemplo: os tigres saem de todas as portas e a todas as horas. A descrença brota em todos os corações. A fome geral vem do pouco caso que se faz do povo, que só é considerado em vésperas de eleições.

O lugar por onde alguém vai, ou passa, põe-se em ablativo. Exemplo: pelo campo de Sant'Ana ninguém pode passar. (Exceção da regra. A Rua do Catete está intransitável. Não há mais exemplos para esta regra, porque no Rio de Janeiro por poucos lugares se pode andar e passar sem o lenço no nariz.)[3]

O lixo se amontoava nas ruas. Os escravos, conhecidos por "tigres", transportavam pesados barris com dejetos das casas senhoriais, despejando-os à noite no mar, nos rios, em lagos ou na própria rua.

O Rio de Janeiro era desprovido de serviços básicos como saneamento, saúde e moradia. A população menos favorecida era a mais atingida, o que agravava os surtos epidêmicos de varíola, febre amarela, cólera e febre tifoide. Esse problema só foi debelado no início do século XX, por meio da intervenção do sanitarista Oswaldo Cruz (1872-1917).

Um dos lugares em que as disparidades mais chamavam atenção era no centro, o principal eixo comercial da cidade. A Rua do Ouvidor e a Rua Direita iluminam-se com o vaivém dos transeuntes, altos funcionários da corte, burocratas e senhoras desfilando seus vestidos, contrastando com a massa de trabalhadores negros.

De modo geral, os trabalhadores livres e pobres moravam no centro da cidade, alojados em cortiços, em péssimas condições de vida e com uma alimentação precária. Na virada do século, com as reformas promovidas pelo prefeito Pereira Passos, essa mesma população acabaria sendo expulsa dos cortiços para os morros.

Na primeira metade do século XIX, porém, o processo de urbanização ainda progredia a passos lentos. Permaneciam os resquícios estruturais de uma cidade colonial, com serviços urbanos precários. Somente a partir de 1850 é que se verificam investimentos em infraestrutura, transporte e iluminação.

---

3 Idem, em 28 de setembro de 1862.

Como já comentamos anteriormente, a iluminação pública a gás chega ao centro da cidade em 1854, em substituição aos lampiões de azeite, sob os auspícios da Companhia de Iluminação a Gás do Rio de Janeiro, de propriedade do Barão de Mauá. Três anos depois implantou-se o sistema de esgoto domiciliar.

Os bondes à tração animal se somaram aos tílburis e carruagens, que mal conseguiam circular pelas ruas estreitas. Em 1859, foi inaugurada a primeira linha de bonde ligando o Largo do Rocio ao Alto da Boa Vista. Em 1868, a Botanical Garden Railroad Company abriu o trecho entre o centro (na esquina das Ruas do Ouvidor e Gonçalves Dias) e o Largo do Machado. Três anos mais tarde o bonde chegava a Botafogo, ao Jardim Botânico e ao Bairro das Laranjeiras.

Luís Edmundo menciona os meninos vendedores de balas e biscoitos, que se seguravam no estribo dos bondes equilibrando o seu tabuleiro recheado de balas de coco, chocolate, baunilha e ovos.

> Quando chegam os bondes que fazem a volta pelo Largo (n. a. da Carioca), cheios de passageiros, de cortinas de oleado verde desenrolada para as bandas do sol, vê-se, como uma nuvem de gafanhotos, a revoada trêfega e assanhada dos moleques vendedores de biscoitos e de balas. [...] pulando de um carro para outro [...] sem deixar cair a bandeja dos rebuçados que vendem, equilibrada na palma da mão, erguida toda para o ar. (Edmundo, 2003, p.83)

Acerca da inauguração, em 1877, do trajeto Plano Inclinado de Santa Teresa, assim discorre Machado de Assis, sob o pseudônimo de Manassés:

> Inauguraram-se os bondes de Santa Teresa. [...] Quando um bonde sobe, outro desce [...]. Agora é que Santa Teresa vai ficar à moda. O que havia pior, enfadonho a mais não ser, eram as viagens de diligência, nome irônico de todos os veículos desse gênero. A diligência é um meio-termo entre a tartaruga e o boi.
> Uma das vantagens dos bondes de Santa Teresa sobre os seus congêneres da cidade, é a impossibilidade da pescaria. A pescaria é a chaga dos outros bondes. Assim, entre o largo do Machado e a Glória, a pescaria é uma verdadeira amolação; cada bonde desce a passo lento, a olhar para um e outro lado, a catar um passageiro ao longe. Às vezes o passageiro aponta na Praia do Flamengo, o bonde, polido e generoso, suspende passo, cochila, toma uma pitada, dá dois dedos de conversa, apanha o passageiro, e segue o fadário até a seguinte esquina onde repete a mesma lenga-lenga.[4] (Machado de Assis, 2008m, p.353, v.4)

Rua Primeiro de Março. Foto de Augusto Malta, s.d.

---

4   Publicado originalmente na coluna "Histórias de Quinze Dias", pela revista *Ilustração Brasileira*, em 15 de março de 1877.

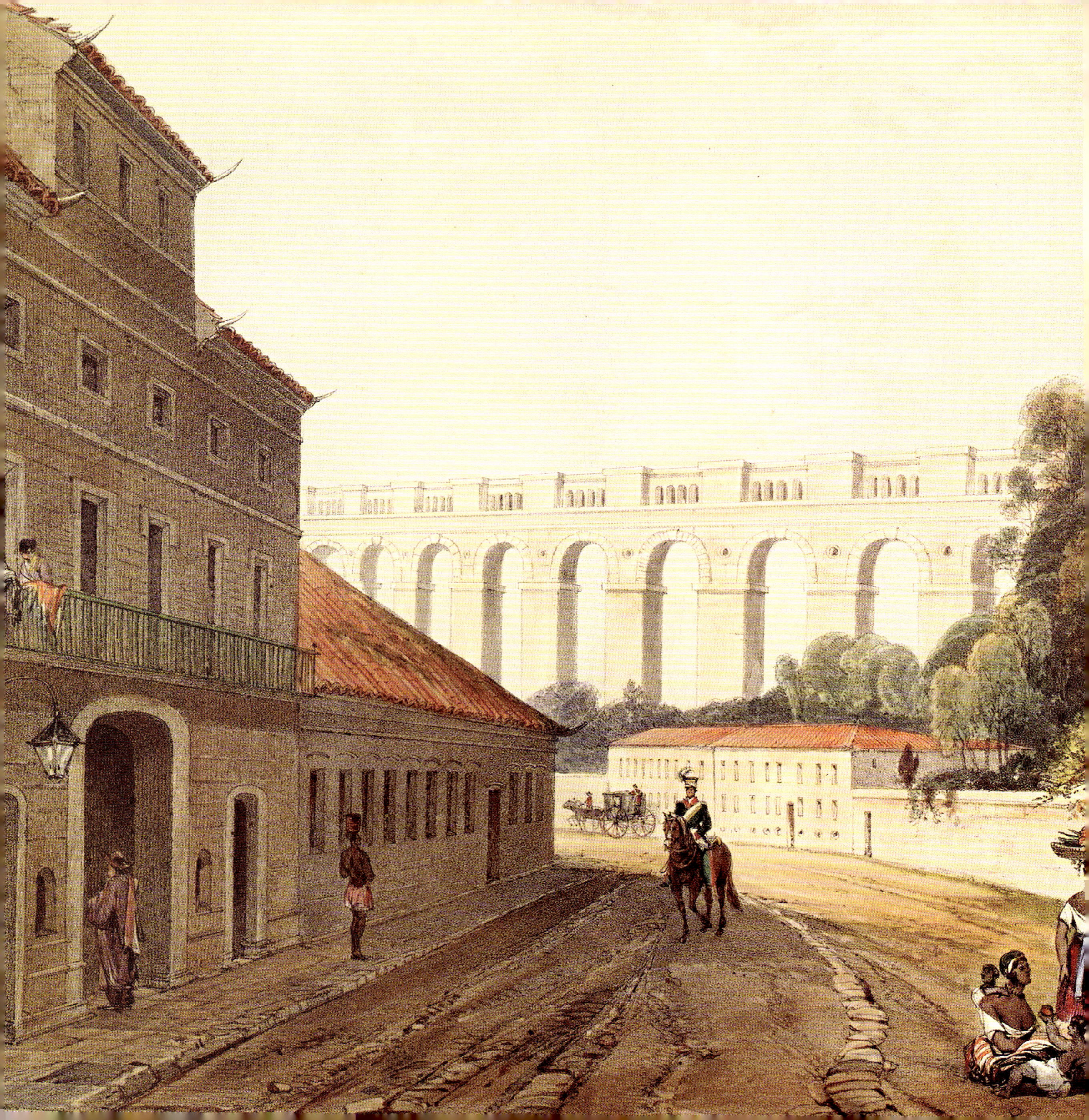

Wiliam Gore Ousele. *Aqueduto e Convento Santa Tereza*, 1852.

O abastecimento de água era um problema para a população. Mesmo com o Aqueduto da Carioca – considerado pelos naturalistas Spix e Martius "o mais belo e útil monumento de arquitetura, de que o Rio até aqui se pode gabar" (Spix; Martius, 1981, p.49) –, o sistema não atendia às necessidades dos moradores.

As condições de abastecimento eram insuficientes e os poucos chafarizes espalhados pela cidade ficavam repletos de escravos, que transportavam água em barris para suprir as casas de seus senhores.

Para aqueles que chegavam à cidade ou dela partiam, o Rio tampouco oferecia boa infraestrutura de transportes – precária, aliás, em todo o país. Testemunho disso é o relato feito em 1850 pelo viajante Herman Burmeister. Segundo ele, a travessia entre as províncias do Brasil era realizada por tropeiros, a cavalos, ou preferencialmente em mulas, as mercadorias eram pesadas e equilibradas no lombo dos animais. Cada grupo de sete, conduzido por um escravo, formava um lote ou um grupo variável destes constituía uma tropa que era dirigida por um tropeiro. (Burmeister, 1952, p.71-2)

A situação só começaria a mudar com a prosperidade da economia cafeeira, que impulsionou a expansão de estradas e ferrovias. A primeira estrada de ferro foi inaugurada em 1854 pelo Barão de Mauá, ligando o Porto de Mauá à raiz da Serra da Estrela, chegando depois a Petrópolis e ao Vale do Paraíba.

Em 1858, foi construída a Estrada de Ferro D. Pedro II (mais tarde Estrada de Ferro Central do Brasil), com capital inglês, beneficiando os cafeicultores do Vale do Paraíba. Em 1877 a linha prolonga-se a cidade de São Paulo.

No conto "Evolução", em *Relíquias de casa velha*, um diálogo entre os personagens ilustra o progresso da cidade e a implantação das estradas de ferro:

> Naturalmente, o primeiro objeto foi o progresso que nos traziam as estradas de ferro. Benedito lembrava-se do tempo em que toda a jornada era feita às costas de burro [...] ficamos de acordo em que as estradas de ferro eram uma condição de progresso do país.
> [...]
> — Na minha viagem agora, achei ocasião de ver como o senhor tem razão com aquela idéia do Brasil engatinhando.
> [...]
> — [...] Só começaremos a andar quando tivermos muitas estradas de ferro. Não imagina como isso é verdade.
> E referiu muita cousa, observações relativas aos costumes do interior, dificuldades da vida, atraso, concordando, porém, nos bons sentimentos da população e nas aspirações de progresso. Infelizmente, o governo não correspondia às necessidades da pátria; parecia até

Sebastien Auguste Sisson. *Estação da Estrada de Ferro D. Pedro II*, c. 1860.

interessado em mantê-la atrás das outras nações americanas. Mas era indispensável que nos persuadíssemos de que os princípios são tudo e os homens nada. Não se fazem os povos para os governos, mas os governos para os povos; e *abyssus abyssum invocat*. (Machado de Assis, 2008l, p.673-4, v.2)

A cidade, enfim, recebe inúmeras melhorias. As ruas tornam-se mais amplas, a iluminação a gás patrocina o lazer e os bondes facilitam o transporte dos moradores dos bairros para o centro comercial, aumentando o consumo das lojas e a frequência nos cafés, confeitarias e teatros.

No conto "Mariana", o personagem Macedo, de volta ao Rio de Janeiro depois de quinze anos de ausência, comenta as transformações da cidade:

> Também achei mudado o nosso Rio de Janeiro, e mudado para melhor. O jardim do Rocio, o bulevar Carceller, cinco ou seis hotéis novos, novos prédios, grande movimento comercial e popular, tudo isso fez em meu espírito uma agradável impressão.
> [...] Fui hospedar-me no hotel Damiani. Chamo-lhe assim para conservar um nome que tem para mim recordações saudosas.[5] (Machado de Assis, 2008n, p.1007, v.2)

Mas o Rio ainda era palco de grandes contrastes e a insalubridade grassava, como descreve Adèle Toussaint-Samson, professora particular de língua francesa, ao anotar suas primeiras impressões da cidade, na qual chegou pelos idos de 1850 e permaneceu até 1862:

> as margens da baía não são mais que vaso infecto, onde detritos de toda espécie apodrecem exalando emanações nauseabundas. Essa foi a primeira desilusão. Aquelas praias, que de longe nos pareciam tão belas e perfumadas, eram o receptáculo das imundícies da cidade. Depois ela foi saneada por esgotos. (Toussaint-Samson, 2003, p.74)

Outro depoimento semelhante é o da jovem alemã Iná Von Binzer, que descrevia o atraso do Rio em cartas enviadas à amiga Grete, na Alemanha: "A cidade é encantadora", porém "as ruas são estreitas e mal calçadas" (Binzer, 1980, p.66). As vias públicas e as casas eram infestadas de insetos, como salienta em outra passagem da correspondência:

> [...] a barata é aqui praga comum [...]. De noite quando entro no dormitório [...] o chão está formigando desses asquerosos animais [...]. Não falo dos mosquitos, das moscas, das formigas, das lagartixas, nem do resto da bicharada, porque não são nada em comparação com as baratas, que, além do mais, comem e estragam tudo que podem alcançar. (id., ibid.)

A despeito da presença da corte as intervenções urbanísticas na cidade do Rio de Janeiro não foram significativas até o fim do século XIX. Ainda preponderava o ranço colonial, que permeava o espaço urbano e as relações sociais marcadas pelo patriarcalismo e pela escravidão.

---

5   Publicado originalmente no *Jornal das Famílias*, em janeiro de 1871.

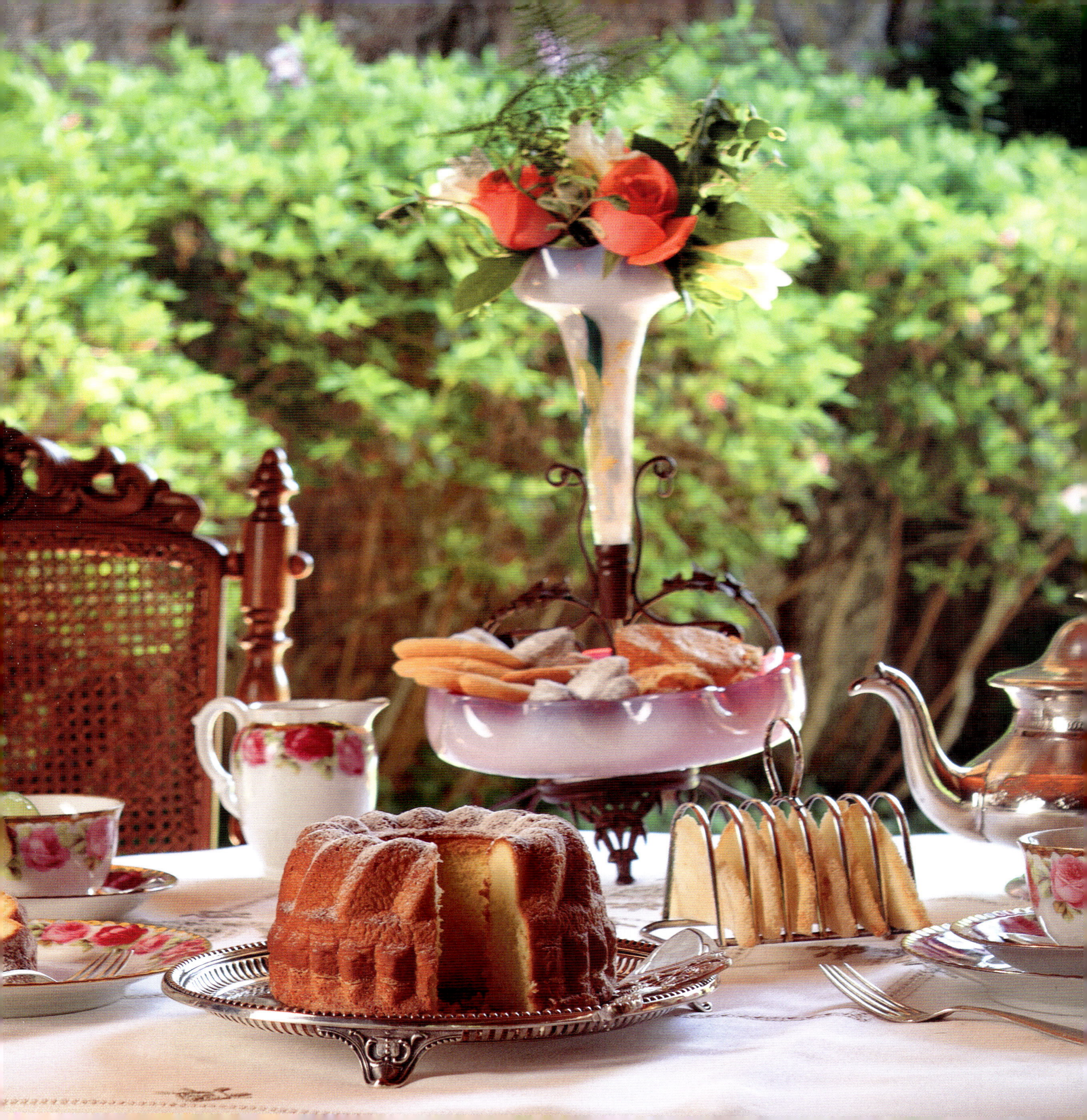

A vida externa era festiva

A corte divertia-se, apesar dos recentes estragos do cólera; bailava-se, cantava-se, passeava-se, ia-se ao teatro. O Cassino abria os seus salões, como os abria o Clube, como os abria o Congresso, todos três fluminenses no nome e na alma. Eram os tempos homéricos do Teatro Lírico [...].

Machado de Assis (2008b, p.322, v.1)

Durante o Segundo Reinado, as classes abastadas realizavam passeios e encontros na Rua do Ouvidor, enquanto reservavam o Jardim Botânico e a Ilha de Paquetá para os piqueniques. Porém, "o Passeio Público nunca chegou a firmar-se nas preferências da sociedade como bucólico *rendez-vous*, apesar de todos os seus encantos" (Pinho, 1942, p.261).

A vida social fluminense assume novas formas de sociabilidade quando o espaço privado invade as ruas, os teatros e os clubes. Os encontros de políticos e literatos são organizados em livrarias, assim como em sociedades recreativas, cafés e confeitarias.

Na capital do Império o teatro era um dos entretenimentos principais da corte e da elite. A inauguração do Teatro Imperial D. Pedro II, em 1871, mais conhecido como Lírico, foi comemorada com um baile de máscaras. Grandes temporadas líricas e peças nacionais e internacionais foram exibidas no Teatro Provisório, no São Pedro e no Conservatório de Música. Autor de peças para teatro, Machado não deixava de comparecer aos espetáculos e depois relatar em crônicas as suas impressões.

Na *Gazeta de Notícias* de 26 de março de 1893, escreve ele:

Entrou o outono. Despontam as esperanças de ouvir Sarah Bernhardt e Falstaff. A arte virá assim, com as suas notas de ouro, cantadas e faladas, trazer à nossa alma aquela paz que alguns homens de boa vontade tentaram restituir à alma rio-grandense, reunindo-se quinta-feira na rua da Quitanda. (Machado de Assis, 2008c, p.970, v.4)

No fim das apresentações teatrais, a *jeunesse dorée* assistia à saída das senhoras e donzelas. Era o que fazia o personagem Estêvão, neste trecho do romance *A mão e a luva*:

Uma noite assistira à representação de Otelo, palmeando até romper as luvas, aclamando até cansar-lhe a voz, mas acabando a noite satisfeito dos seus e de si. Terminado o espetáculo, foi ele, segundo costumava, assistir à saída das senhoras, uma procissão de rendas, e sedas, e leques, e véus, e diamantes, e olhos de todas as cores e linguagens. Estêvão era pontual nessas ocasiões de espera, e raro deixava de ser o último que saía. (Machado de Assis, 2008b, p.324, v.1)

Depois do belo espetáculo, os tílburis conduziam os casais para cear nos hotéis ou confeitarias. A habitual ceia, uma refeição leve, era composta de chá, pão de ló, torradas, biscoitos, sequilhos, sonhos e madalenas.

O hábito de tomar chá foi introduzido pela família real e tornou-se uma instituição no Rio de Janeiro.

Anúncio de venda de chá. Publicado no *Almanak Laemmert*, em 1857.

Homens de letras, políticos e famílias em geral chegavam às confeitarias em grande número para o "*five o'clock tea*", horário após o qual não era de bom-tom às mulheres de fino trato permanecerem no recinto. Eis a descrição de Machado de Assis a respeito de um desses eventos:

> Conversávamos alguns amigos, à volta de uma mesa, eram 5 horas da tarde, bebendo chá. Cito a hora e o chá para que se compreenda bem a elegância dos costumes e das pessoas. Suponho que os ingleses é que inventaram esse uso de beber chá às 5 horas. Os franceses imitaram os ingleses, nós estávamos vendo se, imitando os franceses, há de haver alguém que nos imite. Os russos, esses bebem chá a todas as horas; o samovar está sempre pronto. Os chineses também, e podem crer-se os homens mais finamente educados do mundo, se a nota da educação é beber chá em pequeno, como diz um adágio desta terra de café. Creio que chegam à perfeição de mamá-lo.[1] (Machado de Assis, 2008c, p.1220, v.4)

Um dos primeiros hotéis de luxo inaugurados na cidade foi o Pharoux, na Rua Fresca, Largo do Paço, dando os fundos para o cais do porto. O estabelecimento adquiriu fama pela notável cozinha francesa, pelos magníficos doces e pela suntuosa carta de vinhos.

No romance *Memórias póstumas de Brás Cubas*, Machado faz menção à excelência do restaurante do Hotel Pharoux:

> Velhos de meu tempo, acaso vos lembrais desse mestre cozinheiro do Hotel Pharoux, um sujeito que, segundo dizia o dono da casa, havia servido nos famosos Véry e Véfour, de Paris, e mais nos palácios do conde Molé e do duque de

---

[1] Publicado originalmente em "A Semana", na *Gazeta de Notícias*, em 27 de outubro de 1895.

> La Rochefoucauld? Era insigne. Entrou no Rio de Janeiro com a polca... A polca, M. Prudhon, o Tivoli, o baile dos estrangeiros, o Cassino, eis algumas das melhores recordações daquele tempo; mas sobretudo os acepipes eram deliciosos.
> [...] Jamais o engenho e a arte lhe foram tão propícios. Que requinte de temperos! que tenrura de carnes! que rebuscado de formas! Comia-se com a boca, com os olhos, com o nariz. Não guardei a conta desse dia; sei que foi cara. (Machado de Assis, 2008o, p.730, v.1)

Outros franceses estrearam nesse ofício com a abertura do Hotel de France, do Frères Provençaux e do Ravot. Tais estabelecimentos, que exibiam belíssimos salões e restaurantes refinados, introduziram na vida carioca o hábito de comer fora.

A novidade dos restaurantes foi proporcionar aos comensais mesas exclusivas e serviço à *la carte* com grande oferta de pratos, inspirados na cozinha francesa. Distinguiam-se, assim, das casas de pasto, onde reinavam as mesas redondas coletivas e os pratos a preço fixo.

Para seduzir a classe dominante, que privilegiava os modismos importados, esses finos estabelecimentos esmeravam-se na apresentação dos pratos. Os menus franceses tinham uma composição inusitada para os paladares nativos. Entretanto, tornou-se um hábito elegante começar o jantar com uma entrada que variava entre *potage*, patê ou caviar, seguida de peixe, ave ou carne – como badejo à *la brésilienne*, *dinde farcie* ou fricassê de galinha acompanhado de *asperges sauce mousseline* – e, por fim, *dessert assorti*. A carta de vinho era de múltipla escolha e constituía-se do que havia de melhor: champanhe, vinhos de Bordeaux e da Borgonha e, para acompanhar as sobremesas, o Sauternes. Entre os portugueses distinguiam-se o vinho Madeira e o Porto.

A influência estrangeira nos restaurantes e confeitarias foi significativa na *belle époque*, entre o fim do Segundo Reinado e a República Velha. Nesses tempos a mesa apresentava aportes franceses e ingleses, tanto nos ingredientes e nas preparações como na designação dos pratos.

Sobre o uso exagerado de expressões francesas, Machado dizia que a "virtude está no meio" (*in medio virtus*), sendo, portanto, a favor do comedimento:

> Pego na pena com bastante medo. Estarei falando francês ou português? O sr. dr. Castro Lopes, ilustre latinista brasileiro, começou uma série de neologismos, que lhe parecem indispensáveis para acabar com palavras e frases francesas. Ora, eu não tenho outro desejo senão falar e escrever corretamente a minha língua; e se descubro que muita coisa que dizia até aqui não tem foros de cidade mando, esse ofício à fava, e passo a falar por gestos.
> Não estou brincando. Nunca comi *croquettes*, por mais que me digam que são boas, só por causa do nome francês. Tenho comido e comerei *filet de boeuf*, é certo, mas com restrição mental de estar comendo lombo de vaca. Nem tudo, porém, se presta a restrições; não poderia fazer o mesmo com as *bouchées de dames*, por exemplo, porque bocados de senhoras dá idéia de antropofagia, pelo equívoco da palavra. (Machado de Assis, 2008g, p.859-60, v.4)

Enquanto franceses e italianos predominavam nos restaurantes e confeitarias, a cozinha portuguesa permanecia nas tavernas, nos botequins e casas de pasto. Aí eram servidos caldo verde, caldeirada de peixe, bife à cavalo, bacalhau à lagareira ou à moda do Porto, sardinhas, *olla podrida* (depois denominada "cozido carioca") e galinha à cabidela.

HOTEL PHAROUX

Adolphe d'Hastrel. *Praia D. Manuel e Cais Pharoux; à esquerda, o Hotel Pharroux*, 1847.

Bacalhau à lagareira

Ingredientes

6 postas altas de bacalhau
2 xícaras (chá) de azeite de oliva
2 xícaras (chá) de vinho branco seco
300g de batatas médias
Sal grosso o suficiente para colocar sobre as batatas
6 cebolas médias sem casca
200g de brócolis
6 dentes de alho

Dessalgue as postas de bacalhau por 48 horas, trocando a água várias vezes. Mantenha o bacalhau na geladeira. Tire a pele e as espinhas. Coloque o bacalhau e as cebolas em um pirex, regue com o azeite de oliva e o vinho branco e leve ao forno para assar por cerca de 50 minutos. Lave muito bem as batatas, seque e coloque em uma forma forrada com papel alumínio e sal grosso. Asse no forno a 200 °C por cerca de 50 minutos ou até que estejam cozidas. Depois de prontas, coloque uma luva de cozinha e golpeie com a mão fechada o centro de cada batata.
Refogue os brócolis no azeite com alho e sal. Corte o alho em lâminas finas. Em uma frigideira, aqueça 1 colher (sopa) de azeite de oliva e doure os alhos. Reserve. Coloque o bacalhau em uma travessa e salpique o alho por cima. Disponha em volta as batatas, as cebolas e os brócolis. Regue com azeite de oliva.

Obs.: a batata e o bacalhau podem ir ao forno ao mesmo tempo.

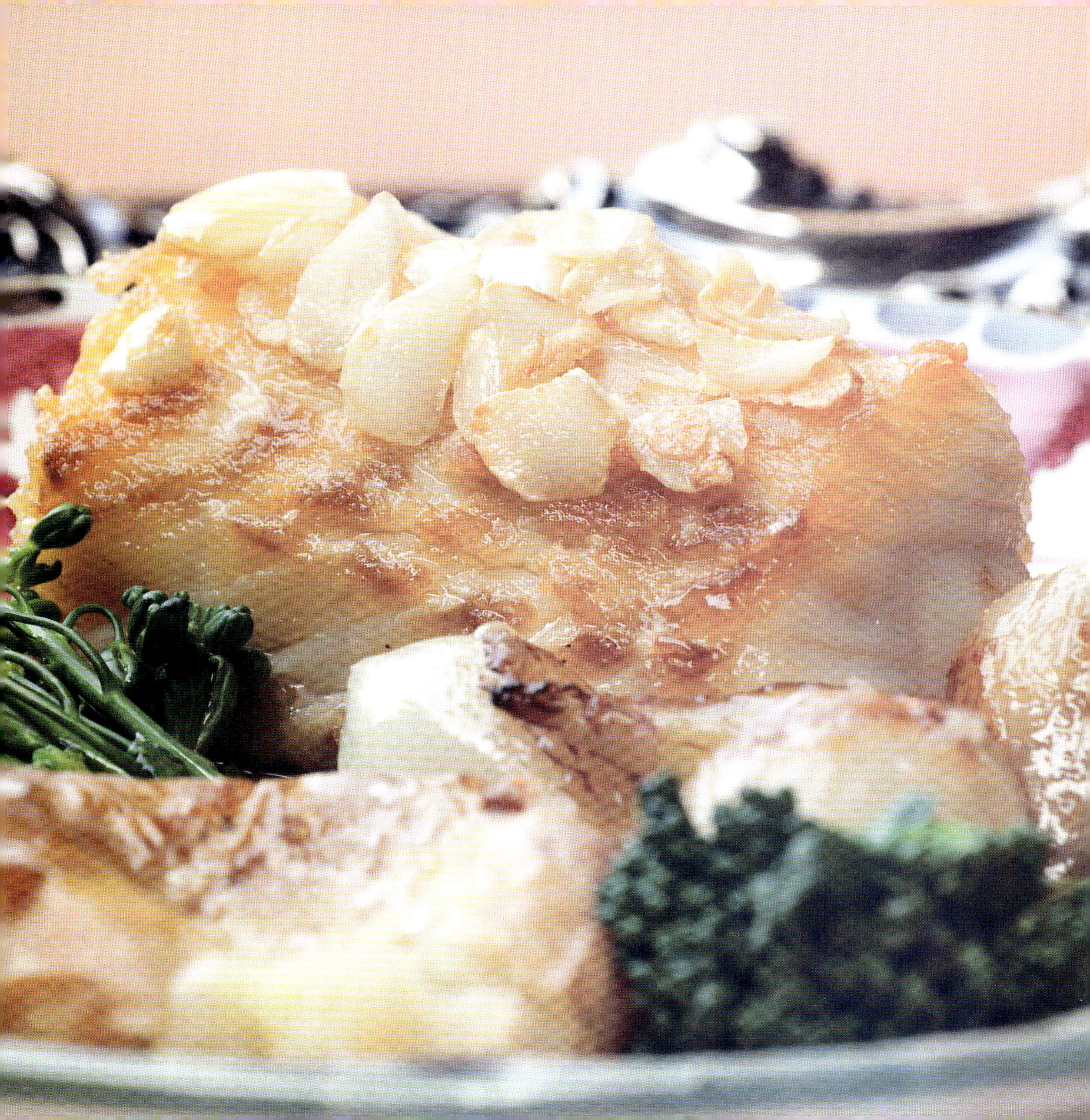

Não faltavam restaurantes frequentados por figurões da política e empresários. O Rio Minho, aberto em 1884, tinha como *habitué* o Barão de Mauá, que elegeu a *bouillabaisse* como seu prato preferido, seguido pelo *boeuf bourguignon* e o *cassoulet*. Outras especialidades oferecidas aos comensais eram o ensopadinho de camarão com chuchu e o bacalhau adornado de azeitonas e pimentões.

O primeiro restaurante a lançar a feijoada carioca completa preparada com feijão-preto foi o G. Lobo, na Rua General Câmara. Já havia outras variantes regionais brasileiras, em Pernambuco e na Bahia, à moda portuguesa, feitas com feijão roxinho, legumes e carne de porco.

A feijoada carioca é preparada com feijão-preto, carne-seca, miúdos e embutidos de porco, condimentada com um bom molho de pimenta e acompanhada de farinha de milho torrada, arroz e laranja picada para arrefecer o ardor da pimenta. E, para festejar essa orgia de sabores, não pode faltar a caipirinha de limão, fundamental para facilitar a digestão...

> **26. Feijoada.** — Deita-se o feijão escolhido e lavado n'uma panella com agua, sal, um pedaço de toucinho, umas linguiças, carne de porco, carne secca, carne de colonia, duas cebolas partidas, e um dente d'alho; deixa-se ferver quatro a cinco vezes, e estando cozido e a agua reduzida, serve-se.

Cozinheiro Nacional. Publicado por H. Garnier, em 1899.

Nessa época multiplicam-se também os cafés e leiterias. Os homens de negócios e burocratas, após o trabalho, encontravam-se no Café de La Bourse, na Rua Direita, no Café La Rade, na Rua Dom Manuel, no Café Paris, no Largo da Carioca, ou ainda na Leiteria Silvestre.

Anúncio da Fama do Caffe com Leite ou Café do Braguinha. Publicado no *Almanak Laemmert*, em 1855.

O Café do Braguinha, inaugurado em meados do século XIX na Praça da Constituição, ficou famoso pela frequência de renomados escritores, como Laurindo Rabello, Machado de Assis e José de Alencar. "Nessa grande e majestosa casa da Fama do Café com Leite – sem usura e sem mistura", serviam-se almoços e ceias e "a toda hora, café com leite, café simples das duas horas da tarde em diante" (*Almanak Laemmert*, 1885, p.569).

Em 1887, estreia na Rua da Assembleia o Bar *Zum Schlauch* (futuro Bar Luiz), um dos primeiros bares a oferecer chope no cardápio. Mas foi no Hotel Albion, por volta de 1873, que o *Jornal do Commercio* anunciou a primeira...

> machina de tirar chope ou gelar cerveja com 2 bombas [...] servido em canecas de chope [...]. O acompanhamento para saborear a bebida gelada – o tira-gosto de hoje – é o croquete, o fiambre, a carne. (apud Renault, 1982, p.60)

Outro ponto de encontro de jornalistas, políticos e *flâneurs* eram os clubes noturnos e as sociedades recreativas dançantes, com sala de jogos e bar. Os mais famosos eram o Cassino Fluminense, no Largo do Rocio, e o Clube Beethoven, no Catete. Essas agremiações artísticas e culturais encomendavam às confeitarias doces especiais para *soirées*, tais como: macarrão de amêndoas doces e recheados, massapão real ou de pistaches, merengue à italiana recheados com "creme fino, geleia de frutas, ou mesmo pequeninas frutas em doce, e unem-se então a dois e dois" (Queiroz, 1907, p.122). Para bailes havia os canudos de obreia e doces à cassino, receitas essas que constam do compêndio *O confeiteiro popular* – cuja primeira edição é de 1879, citada mais adiante pelo autor de *Dom Casmurro*. A respeito de tais estabelecimentos, Machado descortina o que acontecia no Cassino:

> A natureza tem segredos grandes e inopináveis. Não me refiro especialmente ao de anteontem, no Cassino Fluminense, onde algumas senhoras e homens de sociedade nos deram ópera, comédia e pantomima, com tal propriedade, graça e talento, que encantaram o salão repleto. Não é a primeira vez que a comissão do Coração de Jesus ajunta ali a flor da cidade. Aos esforços das senhoras que a compõem correspondem os convidados – e desta vez apesar do tempo, que era execrável –, e aos convidados, em cujo número se contava agora o sr. vice-presidente da República, corresponderam os que se incumbiram de dizer, cantar ou gesticular alguma coisa.[2] (Machado de Assis, 2008q, p.1338, v.3)

O Clube Beethoven abriu suas portas primeiramente em uma casa no Catete, e mais tarde se mudou para o Bairro da Glória. Era frequentado por homens da sociedade carioca, que bebericavam, ouviam recitais de música e algumas vezes organizavam bailes festivos.

> Assim como a história política e social tem antecedentes, é de se crer que esta parte da história artística do Rio de Janeiro também os tenha, e parece-me que podemos ligar esta última ao quarteto do Clube Beethoven.
> Esse Clube era uma sociedade restrita, que fazia os seus saraus íntimos, em uma casa do Catete. [...] Aquilo que hoje se chama profanamente Pensão Beethoven, era a casa do Clube. O salão do fundo, tão vasto como o da frente, servia aos concertos, e enchia-se de uma porção de homens de vária nação, vária língua, vário emprego, para ouvir as peças do grande mestre que dava nome ao Clube, e as de tantos outros que formam com ele a galeria da arte clássica. O nome do Clube cresceu, entrou pelos ouvidos do público; este, naturalmente curioso, quis saber o que se passava lá dentro. Mas, não havendo público sem senhoras, e não podendo as senhoras penetrar naquele templo, que o não permitiam as disciplinas deste, resolveu o clube dar alguns concertos especiais no Cassino. [...] Os dias prósperos não fizeram mais que crescer; entrou a ser mau gosto não ir àquelas festas mensais. Mas tudo acaba, e o Clube Beethoven, como outras instituições idênticas, acabou. A decadência e a dissolução puseram termo aos longos dias de delícias.[3] (Machado de Assis, 2008c, p.1295, v.4)

A vida mundana não se restringia somente aos bailes, teatros, clubes e saraus. A sociabilidade da elite carioca, como indica Machado em *Memorial de Aires*, também era proporcionada pelos jogos de voltarete, gamão, pôquer e xadrez. Deste último, aliás, o escritor foi um exímio jogador e problemista.

---

2   Publicado originalmente em "A Semana", na *Gazeta de Notícias*, em 16 de abril de 1893.
3   Idem, 5 de julho de 1896.

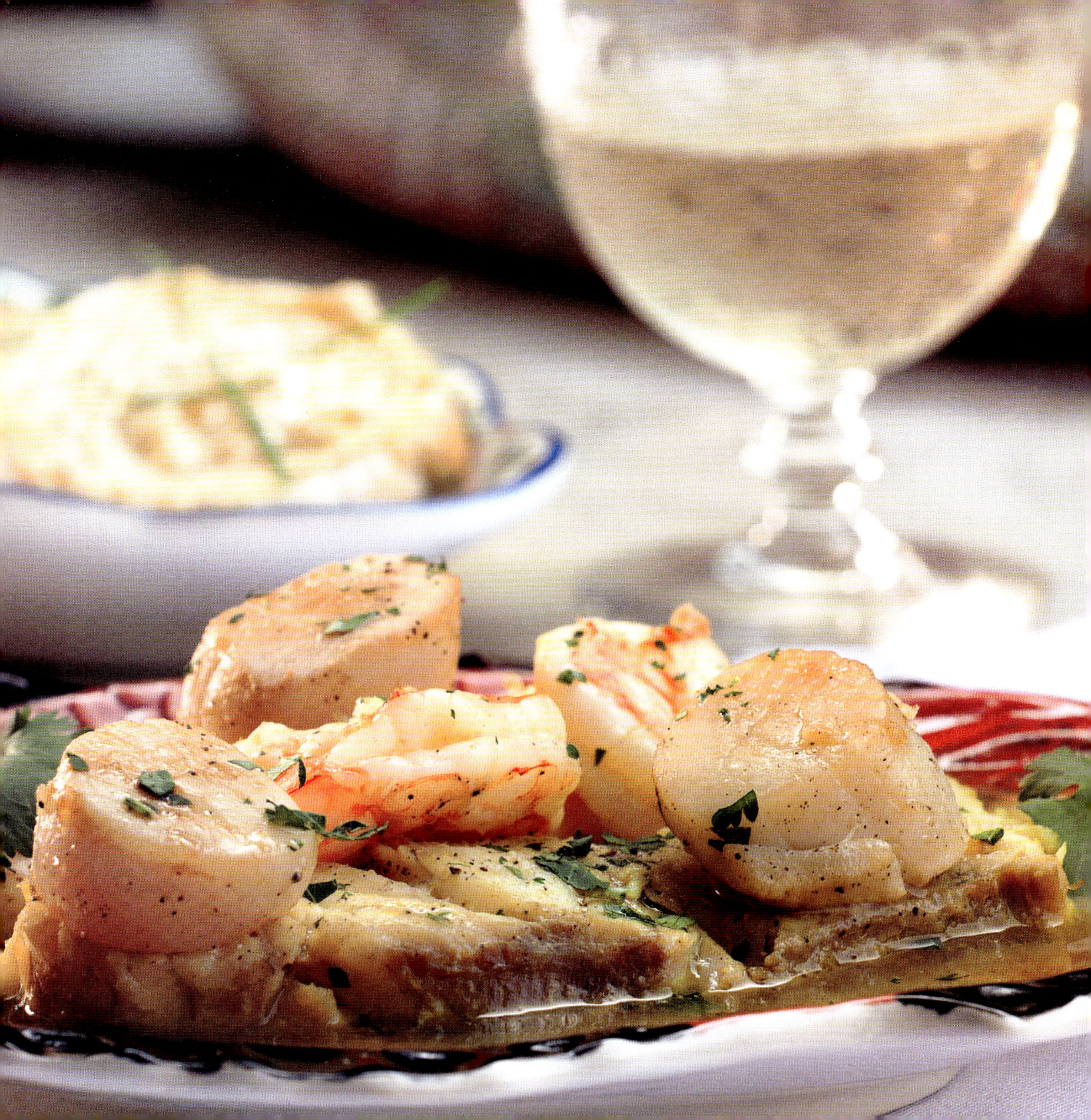

Bouillabaisse

Para o caldo de peixe

4 colheres (sopa) de azeite
1 cebola inteira (espetada com 3 cravos-da-índia)
2 dentes de alho
½ alho-poró
2 tomates pelados sem sementes
1l de água quente
Carcaça de peixe e cascas de camarão
1 bouquet garni (folhas de louro, tomilho, salsinha, cebolinha)
1 ramo de salsão
1 copo de vinho branco
Raspas da casca de uma 1 laranja
2g de açafrão
Sal e pimenta-do-reino a gosto

Em uma panela, coloque as espinhas, a carcaça e as cascas de camarão, o *bouquet garni,* as raspas de laranja e água quente.
Refogue no azeite o alho-poró, o alho e a cebola. Acrescente o caldo de peixe e deixe cozinhar por mais 10 minutos. Coe o caldo e volte para a panela. Coloque o açafrão em uma concha, acrescente 1 colher (sopa) de vinho branco e leve à chama do fogo para esquentar. Despeje no caldo e deixe em fogo baixo por mais 20 minutos.

Para a sopa

1kg de peixe de carne firme, em postas (badejo ou robalo, sem a pele)
200g de vieiras
250g de lulas cortadas em anéis
500g de camarões médios (reserve as cascas para o caldo)
Sal e limão a gosto

Tempere os peixes com sal e limão e deixe marinar por 30 minutos. Refogue separadamente as vieiras em azeite. Reserve. Na panela onde está o caldo junte os peixes e deixe-os cozinhar por 10 minutos. Acrescente as lulas e os camarões e cozinhe por mais 5 minutos. Por fim, junte as vieiras, já douradas.

Para a rouille

1 baguete
2 dentes de alho
1 colher de (chá) de pimentão doce em pó
Sal a gosto
Maionese
Azeite de oliva para dar consistência à rouille

Faça torradas com a baguete. Amasse no alguidar o alho, o sal e o pimentão com a mão de pilão. Acrescente a maionese e misture com uma colher. Passe a *rouille* nas torradas. Sirva à parte como acompanhamento da *bouillabaisse,* a qual deve ser servida em prato fundo.

Ensopadinho de camarão com chuchu

Ingredientes

1kg de camarões médios descascados e limpos
Suco de 1 limão
Pimenta-do-reino a gosto
Sal a gosto
4 colheres (sopa) de azeite
2 dentes de alho
1 cebola média picada
1kg de chuchu descascado e cortado em cubinhos
3 tomates sem pele e sem sementes, picados
1 pimenta-malagueta sem semente picada
1 copo do caldo da casca do camarão
Salsinha e cebolinha picada a gosto

Tempere os camarões com sal, pimenta-do-reino e suco de limão por 15 minutos. Coloque o azeite em uma panela. Doure o alho e a cebola. Acrescente o chuchu, o tomate e a pimenta-malagueta. Mexa e cozinhe em fogo baixo por 10 minutos com a panela tampada ou até que o chuchu esteja cozido *al dente*.
Acrescente o caldo de camarão sempre que necessário, para não secar.
Junte os camarões e deixe cozinhar por mais 10 minutos.
Na hora de servir, salpique salsinha e cebolinha.

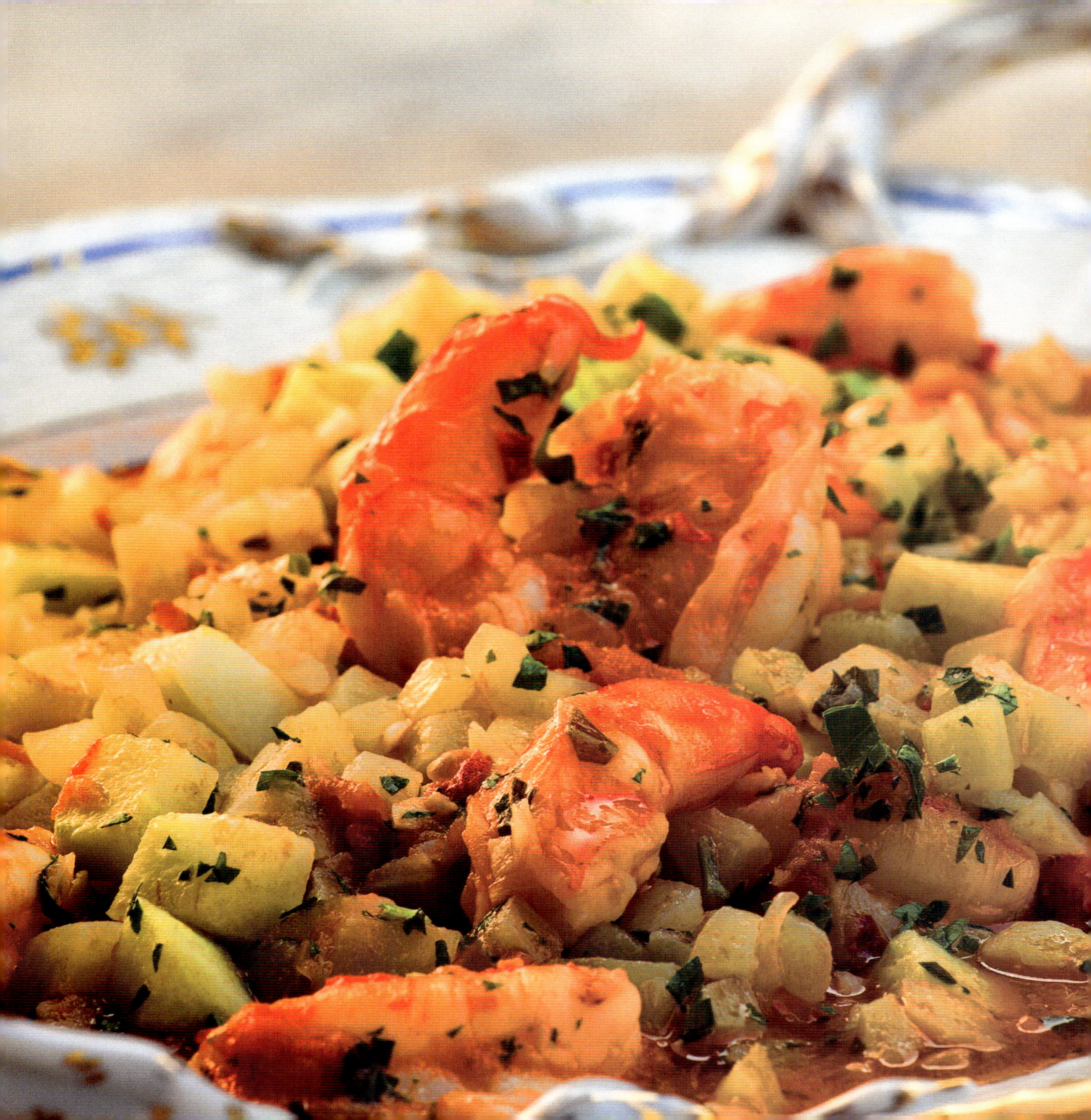

Rua do Ouvidor: "O rosto da cidade". Foto de Augusto Malta, s.d.

O rosto da cidade

Queres ver a elegância fluminense? Aqui acharás a flor da sociedade, – as senhoras que vêm escolher jóias ao Valais ou sedas a Notre-Dame, os rapazes que vêm conversar de teatros, de salões, de modas e de mulheres. Queres saber da política? Aqui saberás das notícias mais frescas, das evoluções próximas, dos acontecimentos prováveis [...].[1]

Machado de Assis (2008t, p.1179, v.2)

Os contos, romances e crônicas de Machado de Assis fazem referência aos espaços da cidade do Rio de Janeiro – suas ruas, lojas e confeitarias. "Uma cidade é um corpo de pedra com um rosto. [...] rosto eloqüente que exprime todos os sentimentos e todas as idéias [...]" (id., ibid.). Fiel a essa imagem, Machado nunca deixou de passear por esse corpo e estudar sua alma:

> É meu costume, quando não tenho que fazer em casa, ir por esse mundo de Cristo, se assim se pode chamar à Cidade de São Sebastião [...].
> Naturalmente, cansadas as pernas, meto-me no primeiro bonde, que pode trazer-me à casa ou à rua do Ouvidor, que é onde todos moramos. (Machado de Assis, 2008g, p.849, v.4)

Nos tempos de D. João VI, a Rua do Ouvidor era um logradouro acanhado e estreito, de péssimo calçamento e lampiões de azeite. Em 1891, essa famosa rua foi remodelada e alargada e também recebeu iluminação elétrica. Essas mudanças, porém, "embalde a sua formosura", não agradaram ao saudosista Machado, que faz um desabafo:

> Vós que tendes a cargo o aformoseamento da cidade, alargai outras ruas, todas as ruas, mas deixai a do Ouvidor assim mesmo – uma viela, como lhe chama o Diário – um canudo como lhe chamava Pedro Luís. Há nela, assim estreitinha, um aspecto e uma sensação de intimidade. É a rua própria do boato. Vá lá correr um boato por avenidas amplas e lavadas de ar. O boato precisa do aconchego, da contigüidade, do ouvido à boca para murmurar depressa e baixinho, e saltar de um lado para outro. Na rua do Ouvidor, um homem, que está à porta do Laemmert, aperta a mão do outro que fica à porta do Crashley, sem perder o equilíbrio. Pode-se comer um sanduíche no Castelões e tomar um cálice de madeira no Deroche, quase sem sair de casa. O característico desta rua é ser uma espécie de loja, única, variada, estreita e comprida.
> Depois, é mister contar com a nossa indolência. Se a rua ficar assaz larga para dar passagem a carros, ninguém irá de uma calçada a outra para ver a senhora que passa – nem a cor dos seus olhos, nem o bico de seus sapatos, e

---

[1] Publicado originalmente em "A Semana", na *Gazeta de Notícias,* em 13 de agosto de 1893.

onde ficará em tal caso o "culto do belo sexo", se lhe escassearem os sacerdotes?[2] (Machado de Assis, 2008c, p.1007-8, v.4)

A literatura machadiana registra a inquietude do autor diante da descaracterização da cidade do Rio de Janeiro, decorrente das reformas implementadas entre o Segundo Império e a Primeira República. Questionando a modernidade idealizada pelos governantes, ele procura preservar as imagens de seu tempo, "das ruas, das casas, dos chafarizes", onde "os meus pés andam por si" (Machado de Assis, 2008k, p.1116, v.1).

Na crítica às reformas, já prenunciava o futuro da urbe cosmopolita:

> [...] nem todas as cidades podem ser uma grande metrópole comercial. Não levarão daqui a nossa vasta baía, as nossas grandezas naturais e industriais, a nossa rua do Ouvidor, com o seu autômato jogador de damas, nem as próprias damas. Cá ficará o gigante de pedra, memória da quadra romântica, a bela Tijuca, descrita por Alencar em uma carta célebre, a lagoa de Rodrigo de Freitas, a enseada de Botafogo, se até lá não estiver aterrada, mas é possível que não; salvo se alguma companhia quiser introduzir (com melhoramentos) os jogos olímpicos, agora ressuscitados pela jovem Atenas [...]
> Tudo pode acontecer. Um dia, quem sabe? lançaremos uma ponte entre esta cidade e Niterói, uma ponte política, entenda-se, nada impedindo que também se faça uma ponte de ferro. A ponte política ligará os dois Estados, pois que somos todos fluminenses, e esta cidade passará de capital de si mesma a capital de um grande estado único, a que se dará o nome de Guanabara.[3] (Machado de Assis, 2008c, p.1286-7, v.4)

O amor de Machado pela cidade original se exprime em retratos vívidos e ubíquos das ruas do Rio de Janeiro. O Passeio Público, construído pelo Mestre Valentim entre 1779 e 1783, era um logradouro de convívio social, onde as famílias faziam seus passeios, participavam de encontros musicais e onde os *flâneurs* iam espairecer, como relata o cronista Machado:

> Nos primeiros tempos do Passeio Público, o povo corria para ele, e o nome de Belas Noites, dado à rua das Marrecas, vinha de serem as noites de luar as escolhidas para as passeatas. [...] sabeis também que o povo levava a guitarra, a viola, a cantiga, e provavelmente o namoro.[4] (Machado de Assis, 2008c, p.1170, v.4)

No romance *Esaú e Jacó*, o personagem Conselheiro Aires foi ao Passeio Público, "ao lago, ao arvoredo, e passeou à toa, revivendo homens e coisas, até que se sentou em um banco" (Machado de Assis, 2008k, p.1154, v.1). Em sua caminhada pela cidade, no dia da proclamação da República, Aires fica atarantado, sem saber o que acontecia, mas...

> suspeitava alguma coisa, e seguiu até o largo da Carioca. Poucas palavras e sumidas, gente parada, caras espantadas, vultos que arrepiavam caminho, mas nenhuma notícia clara nem completa. Na rua do Ouvidor, soube que os militares tinham feito uma revolução, ouviu descrições da marcha e das pessoas, e notícias desencontradas. (idem, p.1155, v.1)

Ainda lamentando a desfiguração da cidade no decorrer da Primeira República, Machado registra saudosamente a região do Carceller, denominação dada

---

2   Publicado originalmente em "A Semana", na *Gazeta de Notícias*, em 13 de agosto de 1893.
3   Idem, 7 de junho de 1896.
4   Idem, 17 de maio de 1896.

aos primeiros quarteirões da Rua Direita, onde ficava a aludida confeitaria de mesmo nome, frequentada pelo escol carioca:

> O bairro Carceller estava quase solitário. Um ou outro homem passava, mulher nenhuma, rara loja aberta, e mal se ouviam os bondes que chegavam e partiam. Eu ia andando à procura do Hotel do Globo. Recordava coisas passadas [...] a ponte das barcas um pouco adiante, a Praia Grande do outro lado, e a Assembléia provincial, vulgarmente chamada salinha. A salinha acabou, e a Praia Grande ficou decapitada, passando a Assembléia com outra feição a legislar em Petrópolis.[5] (Machado de Assis, 2008c, p.1279, v.4)

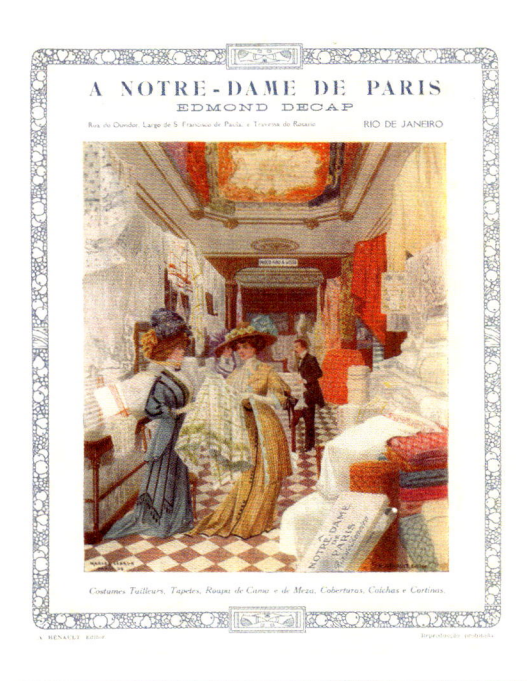

Anúncio da loja Notre-Dame de Paris. **Publicado por A. Hénault, em 1908.**

As ruas comerciais do centro da cidade eram frequentadas por dândis, homens "de língua solta, vida galante, conversa picaresca" (Machado de Assis, 2008o, p.639, v.1). O *footing* era o esporte preferido; na Rua do Ouvidor ou na Rua Direita desfilavam as senhoras e donzelas bem vestidas, passeando a ver as lojas e suas "vidraças rutilantes de riqueza" (Machado de Assis, 2008u, p.1180, v.2),[6] para depois, ao entardecer, tomar chá nas confeitarias.

"A Rua do Ouvidor é a gazeta viva do Rio de Janeiro"[7] (Machado de Assis, 2008s, p.1.127, v.1). Lá se reuniam as principais lojas de artigos sofisticados – joalherias, cabeleireiros e modistas. O magazine Notre-Dame, de Paris, oferecia a última moda parisiense, as vitrines da Wallerstein mostravam cassas, veludos e sedas, na Marin e Berard havia adereços e pedrarias e a Desmarais apresentava os mais variados perfumes.

A elite não resistiu à ostentação oferecida pelos artigos europeus. Por meio de certos personagens, Machado ridicularizava as senhoras da sociedade carioca, com sua futilidade e seu arremedo malfeito do estilo francês:

> – Esse gosto de imitar as francesas da rua do Ouvidor – dizia-me José Dias [...] é evidentemente um erro. As nossas moças devem andar como sempre andaram, com seu vagar e paciência, e não esse tique-tique afrancesado [...] (Machado de Assis, 2008j, p.993, v.1)

As sedes dos principais jornais e livrarias também se instalaram nessa rua. Inaugurada em 1846, a Livraria Garnier, cujo proprietário era o francês Baptiste-Louis Garnier, editou livros de escritores brasileiros consagrados, como Machado de Assis, José de Alencar,

---

5   Publicado originalmente em "A Semana", na *Gazeta de Notícias*, em 17 de maio de 1896.
6   Publicado originalmente no *Jornal das Famílias*, em abril de 1873.
7   Idem, set.-dez. de 1872 e janeiro de 1873.

Gonçalves Dias, José Veríssimo e Euclides da Cunha, entre outros.

Em 29 de janeiro de 1870, no *Jornal do Commercio*,

> o editor Garnier anuncia a 3 mil réis o "elegante volume de 216 páginas, mui bem impresso e encadernado em Pariz": são as *Falenas*, poesias de Machado de Assis. (Renault, 1978, p.306)

As livrarias reuniam a nata da intelectualidade: escritores, dramaturgos, poetas e jornalistas. Segundo Luís Edmundo, Machado de Assis tinha sua cadeira cativa na livraria:

> Machado de Assis jamais falta ao ponto da Garnier, como ao da repartição onde trabalha. É figura regular na livraria. Quando ele entra, rompendo a curva augusta da "Sublime-Porta", que outra não é senão a de arco monumental que dá ingresso à livraria, derrubam-se chapéus, arqueiam-se espinhaços:
> – Mestre!
> E, logo, rostos de todos os lados, que se voltam para lhe ver a figurinha frágil, cerimoniosa e agitada, distribuindo cumprimentos, concertando mesuras, o chapéu entre os dedos, nos lábios o mais franco dos sorrisos. Fala em surdina, pondo veludo na voz, revelando candura, bondade, timidez [...]. (Edmundo, 2003, p.436)

Interior da livraria Garnier, s.d.

O autor de *Dom Casmurro* flanava pelo centro do Rio e em suas narrativas descrevia a paisagem da cidade:

Ontem, indo eu no meu bonde das tantas horas da tarde para (não digo o lugar), ao entrarmos no largo da Carioca, costeamos outro bonde, que ia enfiar pela rua de Gonçalves Dias. O condutor do meu bonde falou ao do outro para dizer que na viagem que fizera da estação do largo do Machado até a cidade, trouxe um só passageiro. (Machado de Assis, 2008g, p.829, v.4)

O jovem Machado de Assis estreia na vida literária na Tipografia Dois de Dezembro, pertencente a Paula Brito, livreiro, jornalista, poeta e editor. O estabelecimento foi palco de reuniões frequentes e entusiásticas, das quais se originou a Sociedade Petalógica, com nomes consagrados da literatura brasileira, como Joaquim Manuel de Macedo, Manuel Antônio de Almeida, Laurindo Rabelo, grupo a que se juntaram o "Machadinho" e Casimiro de Abreu.

Seu primeiro soneto – "À ilma. sra. D. P. J. A." – foi publicado no jornal *A Marmota Fluminense*, em 3 de outubro de 1854, seguido do poema "A palmeira", em 6 de janeiro de 1855. Mas o primeiro trabalho que chamou a atenção do público foi o poema "Ela", assinado somente com o sobrenome "Assis", em letra de forma.

Nos idos de 1878, Machado publicou em folhetim, no jornal *O Cruzeiro*, o romance *Iaiá Garcia*, com boa repercussão entre os leitores. Um mês depois foi anunciado nesse mesmo jornal o lançamento do livro *Iaiá Garcia*, por Machado de Assis:

Este famoso romance, que tanta aceitação obteve dos leitores do *Cruzeiro*, saiu agora à luz em um nítido volume de mais de 300 páginas.
Vende-se nessa tipografia, Rua do Ourives nº 51 e em casa do Srs. A. J. Gomes Brandão, Rua da Quitanda, nº 90; B. L. Garnier, Rua do Ouvidor, nº 65; E. de H. Laemmert, Rua do Ouvidor, nº 66; Livraria Luso-Brasileira, Rua da Quitanda, nº 24; Livraria Imperial, Rua do Ouvidor nº 81; Livraria Econômica, Rua Sete de Setembro, nº 88; Livraria Acadêmica, Rua da Uruguaiana, nº 33.
PREÇO 2$000. (Classificados, 1878, p.4)

Na Rua da Quitanda, os irmãos Eduardo e Henrique abriram a Livraria Laemmert, em 1833, transferindo-se para a Rua do Ouvidor em 1867, onde vendiam desde partituras de música e livros estrangeiros até águas-de-colônia de Seltz e da Colônia. Responsáveis por lançar diversos autores brasileiros, os irmãos também publicaram o *Almanak Laemmert*.

Pieter Gotfred Bertichen. *Praça do Comércio e Rua Direita*, 1856.

Mulheres elegantes. Publicado no periódico literário *O Futuro*, em 1862.

Vida exterior

Vindo à nossa sociedade brasileira, urge dar à mulher certa orientação que lhe falta. Duas são as nossas classes feminis – uma crosta elegante, fina, superficial, dada ao gosto das sociedades artificiais e cultas; depois a grande massa ignorante, inerte e virtuosa, mas sem impulsos, em caso de desamparo, sem iniciativa nem experiência.[1]

Machado de Assis (2008i, p.1286-7, v.3)

Em meados dos oitocentos, a imprensa tinha como público-alvo as mulheres letradas. Na edição de lançamento do *Jornal das Famílias*, que substituiu a *Revista Popular*, "doravante mais exclusivamente dedicada aos interesses domésticos das famílias brasileiras" (*Jornal das Famílias*, 1863, p.1), predominavam as seções de economia doméstica, moda, trabalhos manuais, receitas culinárias, conselhos de beleza, folhetins e crônicas.

Machado foi um grande colaborador desse periódico e nele publicou novelas e contos, posteriormente transformados em livros pela B. L. Garnier. Em uma crônica no *Diário do Rio de Janeiro* ele recomenda às leitoras o *Jornal das Famílias*, como sendo o

> verdadeiro jornal para senhoras, pela escolha do gênero de escritos originais que publica e pelas novidades de modas, músicas, desenhos, bordados, esses mil nadas tão necessários ao reino do bom-tom. (Machado de Assis, 2008f, p.238, v.4)

Nessa época, são vários os periódicos com nomes sugestivos: *O Jornal das Senhoras*, lançado em 1855, *O Sexo Feminino*, de 1875, *Primavera*, de 1880, *O Sorriso*, de 1881, *Archivo das Famílias*, de 1881, e finalmente *A Família*, de 1888. Outro periódico feminino, *A Estação*, definia-se como "um jornal ilustrado para a família" e era dividido em duas partes: o "Jornal de modas" e a "Parte literária", que tinha como colaboradores escritores de prestígio.

A sociedade patriarcal confinava as mulheres nos lares e suas atividades ficavam restritas aos cuidados da família, com a realização de trabalhos domésticos e bordados, além da educação dos filhos. Sua participação social limitava-se a frequentar igrejas e comemorações eclesiásticas.

Muitos estrangeiros, como Charles Expilly, teceram comentários sobre essas "inquietas esposas" abastadas, que almejavam participar da vida social:

> os bordados, os doces, a conversa com as negras, o cafuné, o manejo do chicote, e, aos domingos, uma visita à igreja eram todas as distrações que o despotismo paternal e a política conjugal permitiam às moças e às inquietas esposas. (Expilly, 1935, p.269)

Outro depoimento é de Adèle Toussaint-Samson, que se refere ao conservadorismo dos hábitos das sinha-

---

[1] Publicado originalmente em *A Estação*, em 15 de agosto de 1881.

zinhas. Entretanto, para a professora francesa, o "ócio" da mulher brasileira não correspondia à realidade:

> Uma das opiniões mais geralmente aceitas sobre a brasileira é que é preguiçosa e permanece ociosa o dia inteiro. Enganam-se. A brasileira não faz nada por si mesma, mas manda fazer; põe seu amor-próprio em jamais ser vista em uma ocupação qualquer. Porém, quando somos admitidos em sua intimidade, encontramo-la, de manhã, os pés nus em tamancos, um penhoar de musselina por toda vestimenta, presidindo a confecção dos doces, da cocada, arrumando-os no tabuleiro de suas negras ou de seus negros, que logo vão vender pela cidade os doces, as frutas ou os legumes da habitação.
> [...] as senhoras preparam costura para as mulatas, pois quase todas as roupas dos filhos, do dono e da dona da casa são cortadas e costuradas em casa. Ali também são feitos guardanapos e lenços com ponto de crivo, que são enviados para vender, como todo o resto; é preciso que cada um dos escravos ditos "de ganho" traga à sua senhora uma soma indicada, no fim de sua jornada, e muitos são espancados quando voltam sem ela. É isso que constitui o dinheiro para as despesas pessoais das brasileiras e lhes permite satisfazer suas fantasias. (Toussaint-Samson, 2003, p.156-7)

Com o passar do tempo, as mulheres acompanharam a urbanização da cidade e conquistaram o espaço público. Passaram da casa às ruas frequentando teatros, confeitarias e restaurantes. Gilberto Freyre resume assim essa nova etapa da vida das brasileiras, sobretudo daquelas que tiveram acesso à educação:

> [...] alargou-se a paisagem social de muita iaiá brasileira no sentido de maior variedade de contatos com a vida extradoméstica. Esse alargamento se fez por meio do teatro, do romance, da janela, do estudo de dança, de música, de francês. (Freyre, 2006, p.228)

Tais mudanças não passaram despercebidas a Machado, que comentou os novos interesses femininos. No conto "A senhora do Galvão", por exemplo, fala de Maria Olímpia, que "tinha a vocação da vida exterior, e, nas procissões e missas cantadas, gostava principalmente do rumor, da pompa" (Machado de Assis, 2008d, p.435, v.2). Maria Olímpia "Não entendia os sermões; o resto, porém, orquestra, canto, flores, luzes, sanefas, ouros, gentes, tudo exercia nela um singular feitiço" (id., ibid.).

A superficialidade dessa nova mulher era notada por Machado que, como já observamos, condenava com veemência sua futilidade e sua adesão aos modismos estrangeiros. Por oposição, e com característica ironia, sugeriu vestuário e consumo mais "nacionais":

> Se não fosse o receio de cair no desagrado das senhoras, dava-lhes um conselho. O conselho não é casto, não é sequer respeitoso, mas econômico, e por estes tempos de mais necessidade que dinheiro, a economia é a primeira das virtudes.
> Vá lá o conselho. Sempre haverá algumas que me perdoem. A poesia brasileira, que os poetas andaram buscando na vida cabocla, não deixando mais que os versos bons e maus, isto nos dai agora, senhoras minhas. Fora com obras de modistas; mandai tecer a simples arazóia, feita de finas plumas, atai-a à cintura e vinde passear cá fora. Podeis trazer um colar de cocos, um cocar de penas e mais nada. Escusai leques, luvas, rendas, brincos, chapéus, tafularia inútil e custosíssima. A dúvida única é o calçado. Não podeis ferir nem macular os pés acostumados à meia e à botina, nem nós podemos calçar-vos, como João de Deus queria fazer à descalça dos seus versos:
> Ah! não ser eu o mármore em que pisas...
> Calçava-te de beijos.
> Não seria decente nem útil; para essa dificuldade creio que o remédio seria inventar uma alpercata nacional, feita

112

de alguma casca brasileira, flexível e sólida. E estáveis prontas. Nos primeiros dias, o espanto seria grande, a vadiação maior e a circulação impossível; mas, a tudo se acostuma o homem. Demais, o próprio homem teria de mudar o vestuário. Um pedaço de couro de boi, em forma de tanga, sapatos atamancados para durarem muito, um chapéu de pele eterna, sem bengala nem guarda-chuva. O guarda-chuva não era só desnecessário, mas até pernicioso, visto que a única medicina e a única farmácia baratas passam a ser (como eu dizia a uma amiga minha) o padre Kneipp e a água pura.[2] (Machado de Assis, 2008c, p.1245, v.4)

Após a Independência, surgiram escolas particulares que administravam a educação formal. Os conventos femininos ofereciam cursos para meninas e moçoilas cujo currículo contemplava língua francesa, desenho e música.

A arte da doçaria também era administrada nos colégios femininos, despertando o interesse nas jovens casadoiras. Cândido José de Araújo Viana, o marquês de Sapucaí, comenta a contribuição dos conventos para a magnificência da confeitaria carioca, que, "cuidada com esmero, elevou-se à altura da pequena estatuária; embora efêmera e comestível, nela se revelaram aptidões artísticas e não aproveitadas [...]" (apud Rios Filho, 2000, p.446).

Henrique Fleiuss. *Charge de uma liquidação em uma loja de tecidos na Rua do Ouvidor*. Publicado na *Semana Ilustrada*, em 1865.

---

2   Publicado originalmente em "A Semana", na *Gazeta de Notícias*, em 19 de janeiro de 1896.

Capa de *O confeiteiro popular*. Publicada em 1879.

"A literatura confeitológica"

É fora de dúvida que a literatura confeitológica sentia necessidade de mais um livro em que fossem compendiadas as novíssimas fórmulas inventadas pelo engenho humano para o fim de adoçar as amarguras deste vale de lágrimas.

Machado de Assis (2008p, p.1408, v.4)

Os livros de culinária, ainda raros, despertavam o interesse das leitoras. Essa tendência e a valorização social, na época, dos prazeres da mesa vieram acompanhadas pelo ufanismo nativista, que contaminou os paladares nacionais.

Em 1883, a Livraria Garnier lançou o *Cozinheiro nacional*, atribuído a Paulo A. Salles. O autor defendia a adoção de uma cozinha brasileira, sem influências externas: "É tempo que este país se emancipe da tutela europeia debaixo da qual tem vivido até hoje [...]" (*Cozinheiro*, 2008, p.34).

O compêndio apresenta preparações em que se utilizam animais como anta, paca, tatu, jacu, tanajura, macuco, cobras e papagaios. De acordo com as receitas, carnes, frangos e aves deveriam ser guisados com mangaritos, palmito, gabiroba, serralha, ora-pro-nóbis – enfim, produtos essencialmente brasileiros.

Segundo Gilberto Freyre,

> o naturalista americano Hasting Charles Dent, que aqui esteve no tempo do Império, leu o livro e se espantou diante de tanta receita exótica: assados e guisados de toda a espécie de bichos brasileiros. Até de formigas humildes. [...] Ao mesmo tempo que a tanajura, tão amada pelos caboclos, e depois pelos doutores, pelos barões e até pelos ingleses ou americanos românticos, as frutinhas do mato como a brasileiríssima pitanga, o maracujá, [...] a goiaba [...] tiveram sua fase de esplendor à mesa patriarcal, servidas como doce, como geléia, como sorvete. (Freyre, 1969, p.89-90)

Outros títulos foram lançados com o intuito de divulgar a culinária e a doçaria baseadas nos produtos da terra: *Doceira brasileira*, de Constança Oliva de Lima, Editora Laemmert (1851); *Doceira doméstica*, de Anna Corrêa, Editora J. G. de Azevedo (1875); *Dicionário do doceiro brasileiro*, do dr. Antônio José de Souza Rego, Editora J. G. de Azevedo (1883); e *Doceiro nacional*, também de Paulo A. Salles (1883).

Machado, como já evidenciado, avesso à invasão das estrangeirices na culinária, acompanha essa tendência e critica a introdução do *roast beef*, do *croquette*, do *sandwich* ou das *bouchées de dames*; ele preferia os sabores da terra e as velhas tradições culinárias brasileiras. É com sarcasmo que comenta as influências francesa e inglesa nos hábitos da elite:

> Há dez ou quinze anos, penetrou nos nossos hábitos um corpo estranho, o bife cru. Esse anglicismo só tolerável a uns sujeitos, como os rapazes de Oxford, que alternam os estudos com regatas, e travam do remo com as mesmas mãos que folheiam Hesíodo, esse anglicismo, além de

não quadrar ao estômago fluminense, repugna aos nossos costumes e origens. Não obstante, o bife cru entrou nos hábitos da terra; bife cru *for ever*, tal é a divisa da recente geração. [...]

A grande maioria acode às urgências do estômago com o sanduíche, não menos peregrino que o bife cru, e não menos sórdido; ou como o croquete, estrangeirice do mesmo quilate; e a decadência e a morte do doce parecem inevitáveis.[1] (Machado de Assis, 2008p, p.408-9, v.4)

Acompanhando a onda nacionalista, em 2 de junho de 1878, Machado faz uma crônica sobre o provável lançamento de um livro de confeitaria, divulgado com antecedência no jornal *O Cruzeiro*, em cujas páginas se anunciou "que um dos nossos mais hábeis confeiteiros medita coligir todas as suas [receitas], em volume de mais de trezentas páginas, que dará à luz, oferecendo-o às senhoras brasileiras" (idem, p.408, v.4).

O autor trazia à baila o lançamento de *O confeiteiro popular*, escrito por Francisco Queiroz, ex-mestre confeiteiro-conserveiro da antiga casa do sr. João Gonçalves Guimarães, proprietário da Confeitaria Carceller. Esse manual de doçaria foi lançado em 1879, um ano depois de ter sido anunciado no jornal.

Dizia Machado em sua crônica:

É fora de dúvida que a literatura confeitológica sentia necessidade de mais um livro em que fossem compendiadas as novíssimas fórmulas inventadas pelo engenho humano para o fim de adoçar as amarguras deste vale de lágrimas. Tem barreiras a filosofia; a ciência política acha um limite na testa do capanga. Não está no mesmo caso a arte do arroz-doce, e acresce-lhe a vantagem de dispensar demonstrações e definições. Não se demonstra uma cocada, come-se. Comê-la é defini-la.

[...] O princípio social do Rio de Janeiro como se sabe, é o doce de coco e a compota de marmelos. [...]

Nesta grave situação, anuncia-se o novo manual de confeitaria. Direi desde já que o merecimento do autor é inferior ao que se pensa. Sem dúvida, há algum mérito nesse cavalheiro, que vem desbancar certo sábio do século anterior. Dizia o sábio que se tivesse a mão cheia de verdades, nunca mais a abriria; o confeiteiro tem as mãos cheias de receitas, e abre-as, espalma-as, sacode-as aos quatro ventos do céu, como dizendo aos fregueses: – Habilitai-vos a fazer por vossas mãos a compota de araçá, em vez de a vir comprar à minha confeitaria. Vendo-vos este livro, para vos não vender mais coisa nenhuma; ou, se me permitis uma metáfora ao sabor do moderno gongorismo, abro-vos as portas dos meus tachos. Concorrentemente, auxilio o desenvolvimento das liberdades públicas, porquanto, alguns vos dirão que tendes o direito do jejum e o direito da indigestão: é apenas uma verdade abstrata. Eu congrego ambos os direitos sob a forma do bom-bocado: é uma verdade concreta. Abstende-vos ou abarrotai-vos; está ao alcance da vossa mão.

[...] e se o nosso confeiteiro publica as suas trezentas páginas de receitas, obedece à necessidade de restaurar o princípio social do manuê. Naquele caso, a queda da República; neste, a proscrição do bife sangrento. Diferente meio, ação diversa; lei idêntica, análogo fenômeno; resultado igual. (idem, p.408-9, v.4)

---

1   Publicado originalmente em *O Cruzeiro* (Notas Semanais), em 2 de junho de 1878.

COZINHEIRO
NACIONAL

OU

COLLECÇÃO DAS MELHORES RECEITAS DAS COZINHAS

BRASILEIRA E EUROPÉAS

PARA A PREPARAÇÃO DE SOPAS, MOLHOS, CARNES, CAÇA,
PEIXES, CRUSTACEOS, OVOS, LEITE, LEGUMES, PUDINS, PASTEIS,
DOCES DE MASSA E CONSERVAS PARA SOBREMESA;

Acompanhado

DAS REGRAS DE SERVIR A MESA E DE TRINCHAR.

ORNADO COM NUMEROSAS ESTAMPAS FINAS

LIVRARIA GARNIER

| 109, RUA DO OUVIDOR, 109 | 6, RUE DES SAINTS-PÈRES, 6 |
| RIO DE JANEIRO | PARIS |

Página de rosto de *Cozinheiro Nacional*.
Publicado pela Garnier, em 1899.

Urias Antonio da Silveira. *Família real recebe o comunicado de exílio*, 1889.

A República: "agora começam as festas"

Agora começam as festas. Deodoro estava perto do 15 de novembro, e tratava-se de organizar a nova forma de governo. Era natural que as festas fossem escassas e menos várias que as deste ano. Certamente, o chefe do Estado era amigo das graças e da alegria. Não foi ainda esquecido o grande baile dado em Itamarati para festejar o aniversário natalício do marechal. Encheram-se os salões de fardas, casacas e vestidos. Gambetta advertiu um dia que la République manquait de femmes. *Compreendia que, numa sociedade polida como a francesa, as mulheres dão o tom ao governo. As de lá tinham-se retraído; depois apareceram outras, suponho. Cá houve o mesmo retraimento; nomes distintos e belas elegantes eliminaram-se inteiramente. Mas nem foram todas, nem cá se vive tanto de salão.*[1]

Machado de Assis (2008c, p.1227, v.4)

A queda da monarquia foi para Machado um sinal de extremo enfraquecimento das tradições políticas e sociais, nele provocando indisfarçável ceticismo. O autor, que tinha sérias dúvidas sobre os benefícios que a mudança de regime traria e os rumos da política brasileira, emitiu o seguinte comentário:

> Quanto às minhas opiniões públicas, tenho duas, uma impossível, outra realizada. A impossível é a República de Platão. A realizada é o sistema representativo. É sobretudo como brasileiro que me agrada esta última opinião, e eu peço aos deuses (também creio nos deuses) que afastem do Brasil o sistema republicano, porque esse dia seria o do nascimento da mais insolente aristocracia que o sol jamais aluminou...
> Não freqüento o paço, mas gosto do imperador. Tem as duas qualidades essenciais ao chefe de uma nação: é esclarecido e honesto. Ama o seu país e acha que ele merece todos os sacrifícios.
> Aqui estão os principais traços da minha pessoa. Não direi a v. ex. se tomo sorvetes nem se fumo charutos de Havana; são ridiculezas que não devem entrar no espírito da opinião pública.[2] (Machado de Assis, 2008h, p.1165-6, v.3)

No penúltimo romance de Machado, *Esaú e Jacó*, publicado em 1904, os irmãos gêmeos Pedro e Paulo competem politicamente – o primeiro é monarquista,

---

1 Publicado originalmente em "A Semana", na *Gazeta de Notícias*, em 17 de novembro de 1895.
2 Publicado originalmente na seção "Cartas fluminenses" do *Diário do Rio de Janeiro*, com o título "À opinião pública", em 5 de março de 1867.

e o segundo, republicano. No trecho a seguir, os dois jovens refletem sobre a proclamação da República:

> "Como diabo é que eles fizeram isto, sem que ninguém desse pela coisa?", refletia Paulo. Podia ter sido mais turbulento. Conspiração houve, decerto, mas uma barricada não faria mal. Seja como for, venceu-se a campanha. [...] Deodoro é uma bela figura. [...]
> Enquanto a cabeça de Paulo ia formulando essas idéias, a de Pedro ia pensando o contrário; chamava o movimento um crime.
> Um crime e um disparate, além de ingratidão; o imperador devia ter pegado os principais cabeças e mandá-los executar. (Machado de Assis, 2008k, p.1165, v.1)

No mesmo romance, esse acontecimento político é retratado com sarcasmo no conhecido episódio da "tabuleta nova". Dias antes da proclamação da República, Custódio, proprietário da Confeitaria Império, havia mandado repintar a tabuleta do seu estabelecimento. Com a mudança de regime, ele tem medo de ostentar a palavra "Império" no nome da casa, mas, ao mesmo tempo, não quer perder a freguesia – e o dinheiro gasto na reforma da tabuleta – trocando de nome. Desesperado, bate à porta do conselheiro Aires em busca de orientação:

> [...] Custódio confessou tudo o que perdia no título e na despesa, o mal que lhe trazia a conservação do nome da casa, a impossibilidade de achar outro, um abismo, em suma. [...] – A tabuleta está pronta, o nome todo pintado. "Confeitaria do Império", a tinta é viva e bonita. O pintor teima em que lhe pague o trabalho, para então fazer outro. Eu, se a obra não estivesse acabada, mudava de título, por mais que me custasse, mas hei de perder o dinheiro que gastei? Vossa Excelência crê que, se ficar "Império", venham quebrar-me as vidraças?
> – Isso não sei.
> – Realmente, não há motivo; é o nome da casa, nome de trinta anos, ninguém a conhece de outro modo.
> – Mas pode pôr "Confeitaria da República"...
> – Lembrou-me isso, em caminho, mas também me lembrou que, se daqui a um ou dois meses, houver nova reviravolta, fico no ponto em que estou hoje, e perco outra vez o dinheiro.
> – Tem razão... Sente-se.
> [...] Aires propôs-lhe um meio-termo, um título que iria com ambas as hipóteses – "Confeitaria do Governo".
> – Tanto serve para um regime como para outro. (Machado de Assis, 2008k, p.1158, v.1)

As crises políticas se sucederam no início do período republicano. A burguesia emergente exigia a sua participação no governo em detrimento dos senhores patriarcais "seduzidos pela democracia e a igualdade de oportunidades" (Sevcenko, 1983, p.26).

Com o fim da escravidão, um grande contingente de ex-escravos abandonou as fazendas de café e migrou para as cidades, o que resultou em um inchamento da população urbana. Os novos moradores instalaram-se nos cortiços do centro do Rio de Janeiro em busca de trabalho, sobretudo nas atividades portuárias da capital (Sevcenko, 2006, p.21).

Os recém-libertos também tentavam ganhar a vida no mercado, em frente ao Palácio Imperial. Segundo Adèle Toussaint-Samson, era "um dos locais mais pitorescos da cidade":

> Ali, grandes negras *Minas*, com a cabeça ornada de uma peça de musselina formando turbante, o rosto todo cheio de incisões, usando uma blusa e uma saia por toda vestimenta, estão acocoradas em esteiras junto de suas frutas e de seus legumes [...].
> [Sob os guarda-sóis as negras baianas] amontoam laranjas,

Adolphe d'Hastrel. *Um mercado de barracas*, 1847.

bananas, mangas, frutas-de-conde, melancias, abacaxis, limões, goiabas, romãs, abacates, espinafres, batatas-doces, palmitos, no meio de papagaios de todo tipo, de tatus, de macacos, de saguis, de peruas e de pássaros de todas as plumagens. (Toussaint-Samson, 2003, p.76)

Outras quituteiras oferecem aos transeuntes...

uma tigela de café quente, ou então batatas-doces fumegantes, sardinhas fritas e angu [...]; os negros mais gulosos temperam tudo com uma espécie de gordura, que chamam azeite de dendê. Ali também são vendidas as maçarocas de milho assado e a feijoada, ou seja, tudo o que constitui, no Brasil, uma refeição de negros e mesmo dos brancos da classe inferior. (idem, p.76-7)

Em 1841 é construído o Mercado da Praia do Peixe, com vista para o mar, local onde "os pescadores vendem o peixe por lotes" (idem, p.76).

Na região portuária havia uma conhecida casa de pasto – o Gambá do Saco do Alferes –, que oferecia...

todos os dias e a toda hora, muita variedade de comida, tanto de peixe como de carne, feita com o maior asseio e prontidão; o bom café simples ou com leite, e doces em calda e de massa. (apud El-Kareh; Bruit, 2004, p.86)

Não longe dali, na Rua do Rosário, número 52, era possível provar "pastéis de Santa Clara, viúvas e outras muitas qualidades de pastéis" (apud id. ibid.).

O Rio de Janeiro ainda mantinha quiosques nas principais ruas do centro comercial – a do Ouvidor, a Direita, a Primeiro de Março e a do Ourives. Eles atendiam as camadas sociais de baixo poder aquisitivo, consumidoras de cachaça, café, broa de milho, pão de ló e canjica, entre outras guloseimas.

Uma das muitas medidas tomadas na gestão de Floriano Peixoto foi acabar com os quiosques e com a sujeira que infestava de insetos seus arredores. Sobre essa determinação governamental, Machado assim opinou em abril de 1893:

[...] vamos perder os quiosques? Dizem que o Conselho municipal trata de acabar com eles. Não quero que morram, sem que eu explique cientificamente a sua existência. Logo que os quiosques penetraram aqui, foi nosso cuidado perguntar às pessoas viajadas a que é que os destinavam em Paris, donde vinha a imitação; responderam-me que lá eram ocupados por uma mulher, que vendia jornais. Ora, sendo o nosso quiosque um lugar em que um homem vende charutos, café, licor e bilhetes de loteria, não há nesta diferença de aplicação um saldo a nosso favor? [...]
Não obstante, lá vão os quiosques embora. Assim foram as quitandeiras crioulas, as turcas e árabes, os engraxadores de botas, uma porção de negócios da rua, que nos davam certa feição de grande cidade levantina.[3] (Machado de Assis, 2008c, p.976-7, v.4)

Poucos meses antes, em janeiro de 1893, Machado também lamentara a expulsão dos ambulantes das ruas centrais, decisão tomada pelo então prefeito Barata Ribeiro:

[...] A desolação da rua Primeiro de Março é um dos espetáculos mais sugestivos deste mundo. Já ali não há turcas, ao pé das caixas de bugigangas; os engraxadores de sapatos com as suas cadeiras de braços e o demais aparelho desapareceram; não há sombra de tabuleiro de quitanda, não há samburá de fruta. Nem ali nem alhures. Todos os passeios das calçadas estão despejados delas. Foi o prefeito municipal que mandou pôr toda essa gente fora do olho da rua, a pretexto de uma postura, que se não cumpria.

---

3   Publicado originalmente em "A Semana", na *Gazeta de Notícias*, em 16 de abril de 1893.

Docas e mercado da Praia do Peixe. Foto de Marc Ferrez, s.d.

Eu de mim confesso que amo as posturas, mas de um amor desinteressado, por elas mesmas, não pela sua execução. O prefeito é da escola que dá à arte um fim útil, escola degradante, porque (como dizia um estético) de todas as coisas humanas a única que tem o seu fim em si mesmo é a arte. Municipalmente falando, é a postura. Que se cumpram algumas, é já uma concessão à escola utilitária; mas deixai dormir as outras todas nas coleções edis. Elas têm o sono das coisas impressas e guardadas. Nem se pode dizer que são feitas para inglês ver.

Em verdade, a posse das calçadas é antiga. Há vinte ou trinta anos, não havia a mesma gente nem o mesmo negócio. Na velha rua Direita, centro do comércio, dominavam as quitandas de um lado e de outro, africanas e crioulas. Destas, as baianas eram conhecidas pela trunfa, um lenço interminavelmente enrolado na cabeça, fazendo lembrar o famoso retrato de mme. de Staël. Mais de um lord Oswald do lugar achou ali a sua Corina. Ao lado da Igreja da Cruz vendiam-se folhetos de vária espécie, pendurados em barbantes. Os pretos-minas teciam e cosiam chapéus de palha. Havia ainda... Que é que não havia na rua Direita?[4] (Machado de Assis, 2008c, p.950, v.4)

---

4 Idem, 8 de janeiro de 1893.

Os quiosques e ambulantes saem de cena, mas novas confeitarias estreiam na cidade. A principal delas foi a Colombo, inaugurada em 1894. Representante do melhor estilo *art nouveau*, decorada com espelhos belgas e mármore italiano, a Confeitaria Colombo tornou-se local de encontro dos membros da Academia Brasileira de Letras.

As vitrines exibiam um repertório de iguarias de vários sotaques: balas de ovos, manuês, mães-bentas, marrons-glacês importados da França, doces cristalizados, pastéis de nata, toucinho do céu, trouxinha de ovos e queijadinhas de Évora. Os famosos brioches e *croissants* eram as especialidades da casa. Entre os salgados, empadinhas com recheios variados, casadinhos de camarão, pastéis de carne, bolinhos de bacalhau e coxinhas.

Outro estabelecimento importante na vida social do Rio de Janeiro foi a Casa Cavé, cujos docinhos agradavam os sentidos e o espírito dos comensais. Estes se regalavam com os pastéis de nata, os toucinhos do céu, os travesseiros de amêndoa e os ovos-moles de Aveiro.

Na República Velha também foram criadas novas sociedades recreativas. O Clube Rabelais (1892-1893), fundado por Raul Pompeia, reunia intelectuais tanto das letras como das artes. O primeiro rega-bofe teve lugar no Restaurante Stadt München, no Largo do Rocio, com a presença de Lúcio de Mendonça, Urbano Duarte, Pedro Rabelo, Artur Azevedo, Rodrigo Octávio e Valentim Magalhães.

Em 1900 foi criada A Panelinha, na Rua das Laranjeiras. Esse nome estava relacionado ao presente dado aos amigos pelo artista plástico Rodolfo Amoedo, uma pequena caçarola de prata, que se tornou o símbolo da instituição. Essa sociedade era chefiada por Machado de Assis, Urbano Duarte e Valentim Magalhães e contava, entre seus componentes, com Olavo Bilac, Inglês de Sousa, Artur Azevedo e José Veríssimo.

O grupo da Panelinha, 1901.

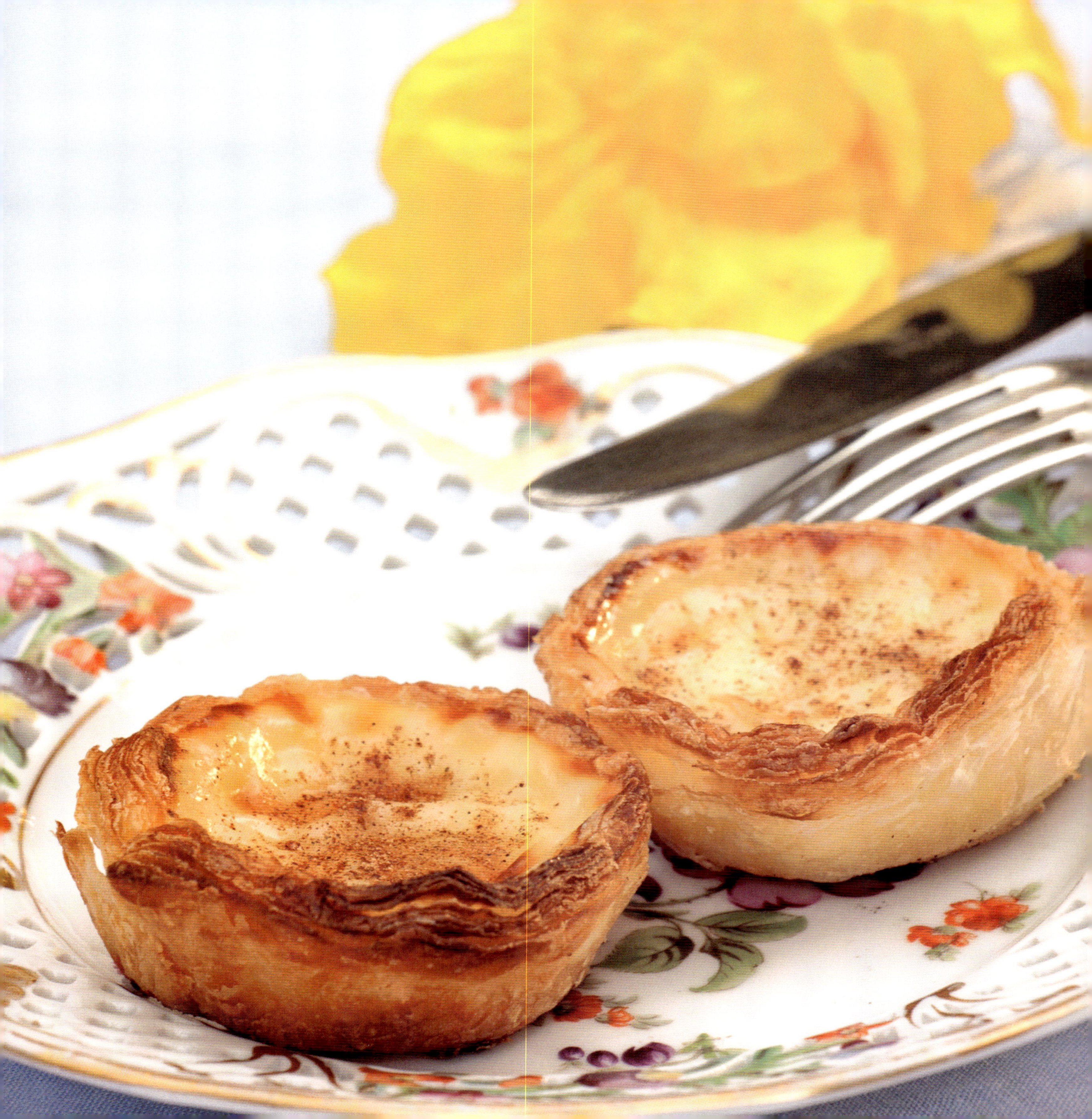

Pastéis de nata

Ingredientes

½l de creme de leite fresco
200g de açúcar
6 gemas
2 colheres (chá) de farinha de trigo
1 pacote de massa folhada pronta
Canela em pó para polvilhar

Preaqueça o forno a 250 ºC.
Em uma panela, misture o creme de leite com o açúcar. Bata as gemas e acrescente ao creme de leite.
Peneire a farinha, dissolva-a em um pouco de leite e junte ao creme de ovos.
Leve novamente a panela ao fogo com o creme, mexendo sempre para não empelotar.
Retire do fogo e deixe esfriar. Estenda a massa folhada com o rolo, forre forminhas para empada (não é necessário untá-las), moldando com o dedo polegar. Adicione o creme frio até a metade da forminha.
Coloque em uma assadeira grande e leve ao forno para assar, até ficar dourado.
Sirva polvilhado com canela.

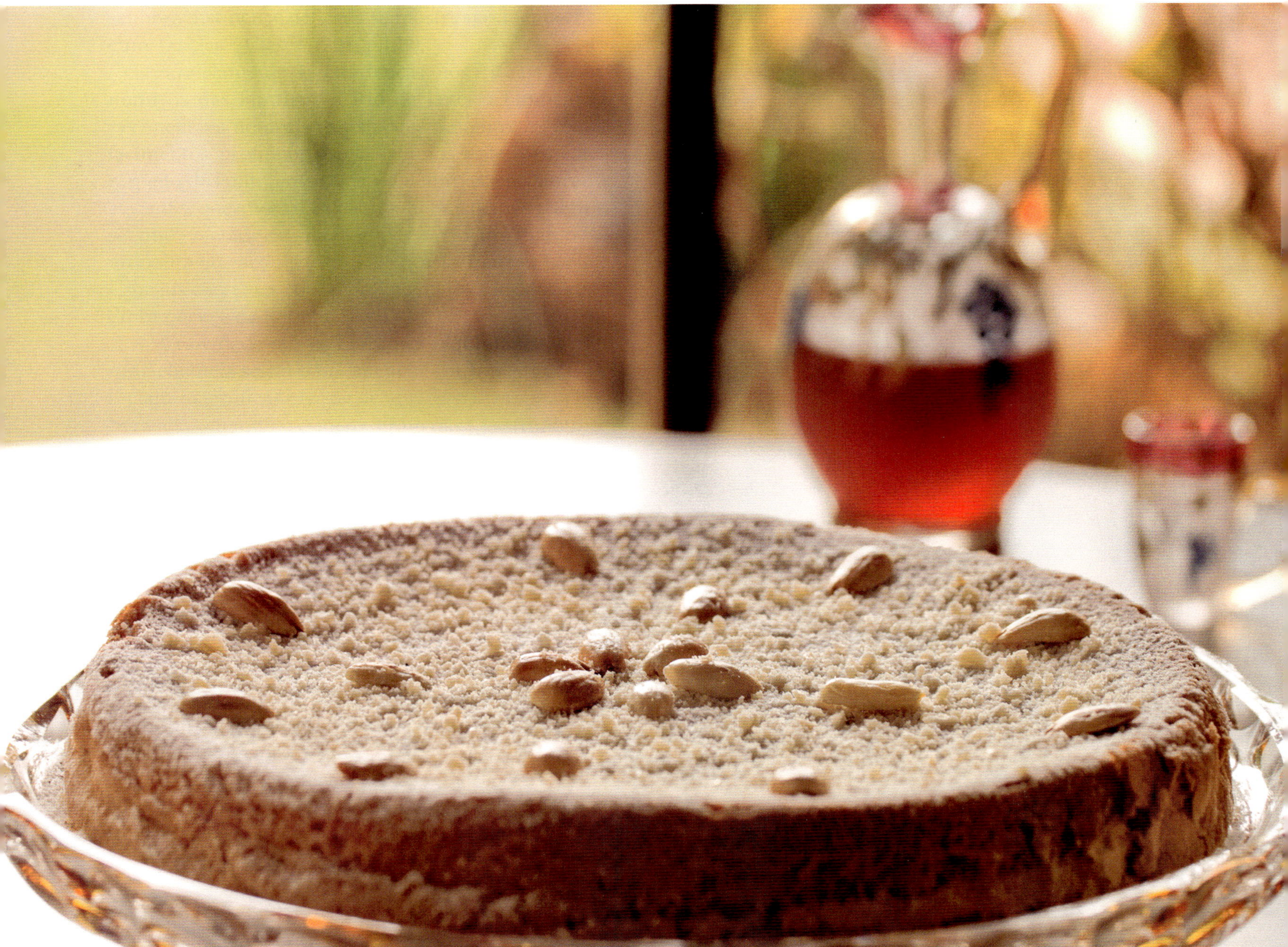

Toucinho do céu

Ingredientes

6 gemas
3 claras
250g de açúcar
1 colher (sopa) de doce de abóbora
250g de farinha de amêndoa
1 colher (sopa) de farinha de trigo

Preaqueça o forno a 200 °C.
Bata as gemas e as claras com o açúcar na batedeira, até ficar um creme claro.
Misture o doce de abóbora com uma colher de pau.
Acrescente a farinha de amêndoa e a de trigo, misturando levemente. Coloque a massa em uma forma baixa de 25cm de diâmetro, untada com manteiga, polvilhada com farinha de trigo e açúcar.
Leve ao forno médio por aproximadamente 45 minutos. Na hora de servir, polvilhe a superfície com açúcar de confeiteiro e enfeite com amêndoas.

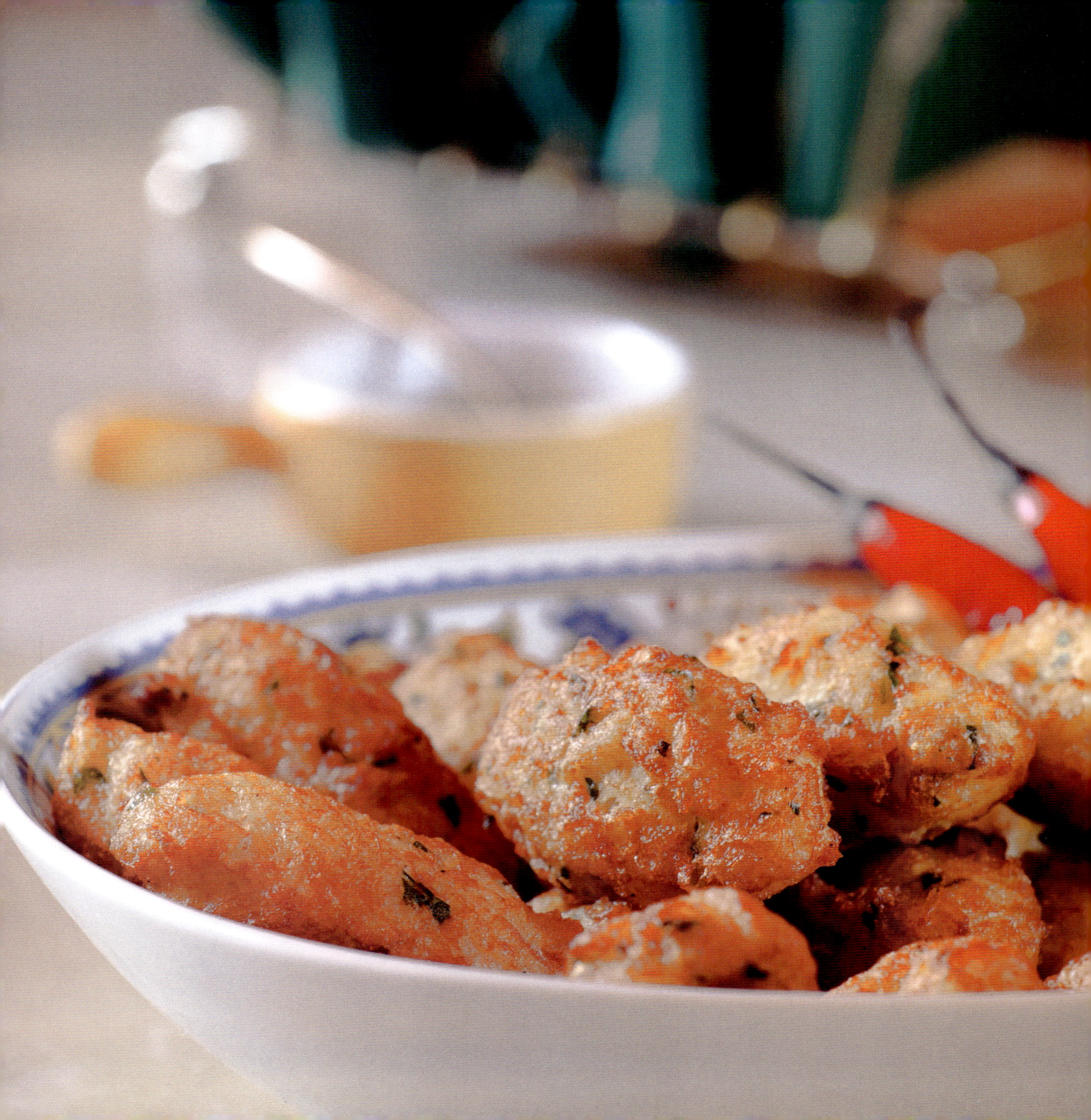

Bolinhos de bacalhau

Ingredientes

½kg de bacalhau
200g de batata
1 cebola pequena picada
2 dentes de alho amassados
1 cálice de vinho do Porto
2 a 3 ovos
Pimenta-do-reino a gosto
1 colher (sopa) de salsinha picada
Óleo para fritar
Sal a gosto

Dessalgue o bacalhau com 48 horas de antecedência, trocando a água várias vezes. Mantenha o bacalhau na geladeira. Escorra o bacalhau, seque bem com papel toalha e retire a pele e as espinhas. Coloque-o em um pano de prato e esfregue-o no próprio pano até ficar desfiado. Refogue em um pouco de azeite com o alho e a cebola. Descasque e cozinhe as batatas com um pouco de sal e passe no espremedor. Em uma tigela, junte o purê de batatas, o bacalhau, o vinho do Porto e a salsinha. Tempere com pimenta-do-reino e retifique o sal. Coloque os ovos, um a um, e misture bem, até obter uma massa homogênea. Coloque na geladeira por 1 hora. Enrole como croquetes e frite em azeite bem quente. Quando estiverem dourados, retire e coloque em papel toalha.

A redação da *Revista Brasileira*, dirigida por José Veríssimo, grande amigo de Machado, reunia toda a intelectualidade carioca e serviu de cenário para a ideia da criação da Academia Brasileira de Letras. Os membros fundadores foram Lúcio de Mendonça, Graça Aranha, Coelho Neto, José do Patrocínio, Olavo Bilac, Medeiros de Albuquerque, Carlos de Laet, Afonso Celso, Sílvio Romero, Rui Barbosa, Artur Azevedo, Joaquim Nabuco e José Veríssimo.

No primeiro jantar mensal da revista, o ágape foi realizado no restaurante do Hotel Globo. Depois que Machado é recebido por José Veríssimo,

> [...] Os demais convivas chegam, um a um, a literatura, a política, a medicina, a jurisprudência, a armada, a administração...
> [...] O cardápio (como se diz em língua bárbara) vinha encabeçado por duas epígrafes, nunca escritas pelos autores, mas tão ajustadas ao modo de dizer e sentir, que eles as incluiriam nos seus livros.[5] (Machado de Assis, 2008c, p.1279-80, v.4)

Naquele jantar realizado em 12 de maio de 1896, havia no cardápio uma epígrafe de Machado, retirada do livro *Vida e feitos de Brás Cubas*: "Não sei se não será nas viandas de um jantar que se achará o micróbio da união. Talvez não seja, em todo caso, é bom experimentar" (apud Menezes, 1977, p.222).

No menu do segundo jantar, realizado em 9 de junho de 1896, no Hotel dos Estrangeiros, constam iguarias escolhidas de acordo com a preferência:

> I: Sopa jardineira; Ferreira de Araújo.
> II: Peixe à brasileira; Araripe Júnior.
> III: Franguinho de cabidela; Machado de Assis.
> IV: Churrasco do Rio Grande com farofa; Joaquim Nabuco.
> V: Peru recheado com presunto; Artur Azevedo.
> VI: Salada de couve-flor; Afonso Celso.
> VII: Bibliografia – Pudim de laranja; Pedro Tavares. Frutas; José Veríssimo. Sorvetes; Rodrigo Octávio.
> VIII: Notas e observações – Clarete, Bordeaux e Porto; Silva Ramos, Taunay, Tarquínio de Sousa.
> Rio de Janeiro. Sociedade – Revista Brasileira. Travessa do Ouvidor, 31, 1896. (id., ibid.)

Em 1897, Machado de Assis foi eleito presidente da Academia Brasileira de Letras, posto que ocupou até a morte, em 1908.

---

5   Idem, 17 de maio de 1896.

Menu

DÉJEUNER DU 26 SEPTEMBRE 1889

HORS-D'ŒUVRE

Beurre frais - Radis - Olives
Sardines - Saucisson - Pâté de foie-gras
Consommé à la reine
Rissoles aux huîtres
Canetons de crevettes
Badejo sauce au beurre d'anchois
Filets de veau à la moderne
Cuissots de volaille à la Périgueux
Timbales de gibier à la chasseur
Salade de saumon à la parisienne
Dindonneau truffé et à la brésilienne
Jambon à la gelée
Choux-fleur au parmesan

ENTREMETS SUCRÉS

Charlottes russe aux pommes
Gelée au fraises - Glaces moulées
Crème et fruits

DESSERT VARIÉ

CAFÉ ET LIQUEURS

VINS

Madère

Xérès

Porto

Château Yquem

Sauterne

Bordeaux

Bourgogne

Champagne

Muscatel

Fornecido pela confeitaria CAILTAU

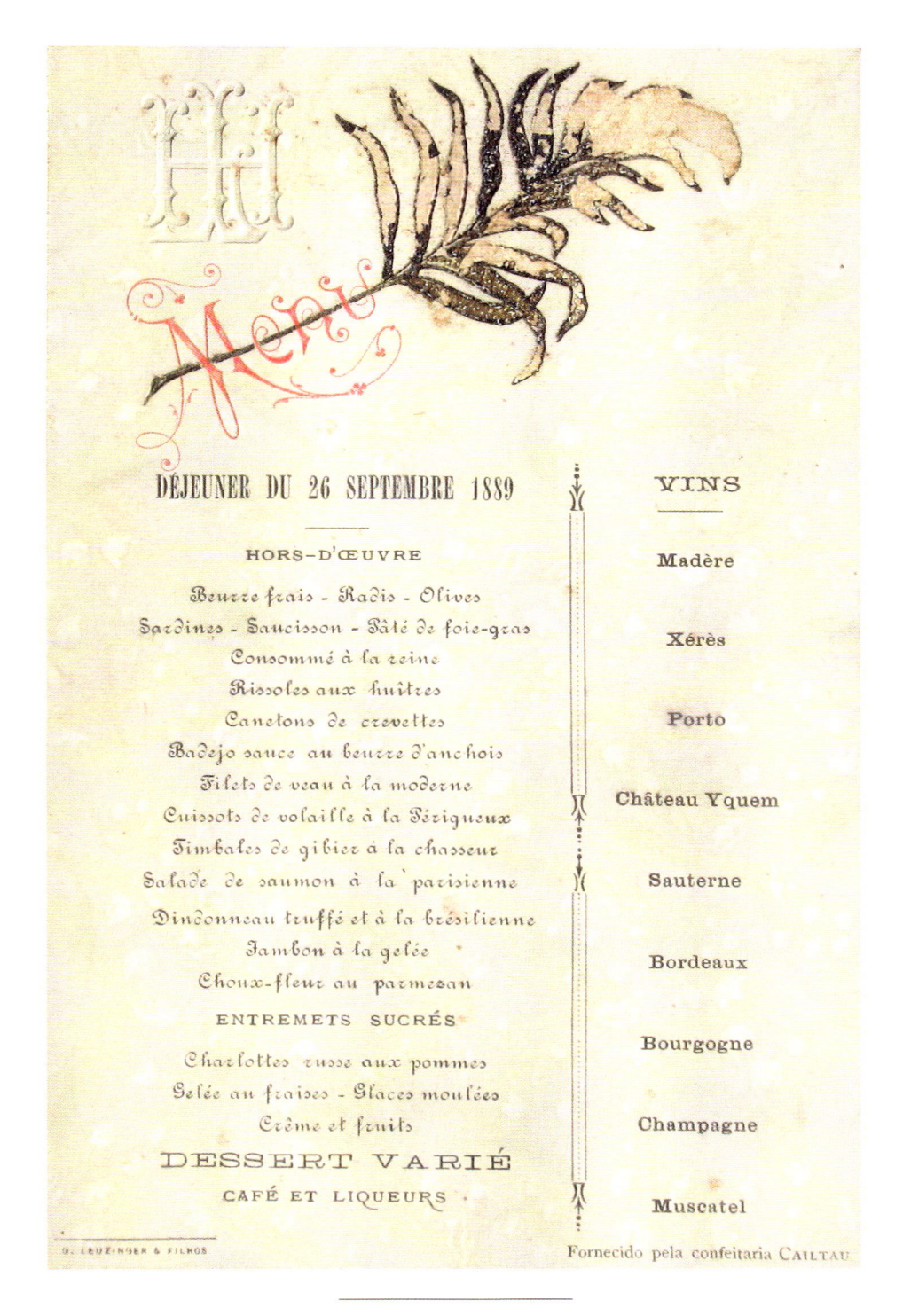

Menu da Confeitaria Cailtau.

134

Franguinho de cabidela

Ingredientes

1 frango caipira cortado nas juntas
4 colheres (sopa) de vinagre
Sangue da galinha
3 dentes de alho
1 cebola grande picada
4 tomates maduros sem pele e sem sementes
1 amarrado de cheiro-verde
1 folha de louro
1 colher (sobremesa) rasa de manjerona picadinha
6 xícaras (chá) de caldo de galinha
Sal e pimenta-do-reino moída na hora, a gosto
Óleo para refogar
1 cálice de aguardente

Depois de abatido o frango, apare o sangue numa tigela com vinagre. Mexa o sangue para não coagular. Reserve.
Lave o frango e enxugue com papel toalha. Corte nas juntas.
Tempere com sal, um dente de alho e pimenta-do-reino a gosto. Reserve.
Com os pés e o pescoço da galinha, faça um caldo temperado com cebola, alho e 6 xícaras (chá) de água. Reserve.
Em uma panela, acrescente o óleo, doure dois dentes de alho amassados e a cebola.
Junte os tomates, o cheiro-verde, o louro e a manjerona.
Em outra panela, junte o óleo e doure a galinha por igual.
Acrescente o molho de tomate e um copo de caldo de galinha. Tampe a panela e deixe o frango cozinhar em fogo brando.
Acrescente no final do cozimento o sangue e o cálice de aguardente e a salsinha picada, misture bem.
Sirva com polenta ou arroz branco.

136

Pudim de laranja

Ingredientes

2 xícaras (chá) de açúcar
1 cálice de Cointreau
1 copo de caldo de laranja (bahia ou pera)
Raspas de uma laranja
4 ovos inteiros
½ colher de sopa de maisena

Bata os ovos e o açúcar na batedeira. Adicione o caldo e as raspas de laranja
e continue batendo. Junte a maisena. Mexa bem e passe a mistura pela peneira.
Caramelize uma forma para pudim, despeje a massa e leve ao forno, em banho-maria,
por 35 a 45 minutos.
Deixe esfriar e desenforme. Sirva confeitado com rodelas de laranja.

Para a calda

1 xícara de açúcar
½ xícara de água
1 cálice de Cointreau

Leve uma panela ao fogo com o açúcar e deixe caramelizar. Acrescente a água
e o Cointreau até adquirir ponto ralo

Avenida Central. Foto de Augusto Malta, 1906.

"O sol do século XX"

Melhor é dizer simplesmente que aí chegou um ano, que veio render o outro, montando guarda às nossas esperanças, à espera que venha rendê-lo outro ano, o de 1896, depois o de 1897, em seguida o de 1898, logo o de 1899, enfim o de 1900 [...].[1]

Machado de Assis (2008c, p.1136, v.4)

Assim celebrou Machado a chegada do ano de 1895:

> Que inveja que tenho ao cronista que houver de saudar desta mesma coluna o sol do século XX! Que belas cousas que ele há de dizer, erguendo-se na ponta dos pés, para crescer com o assunto, todo auroras e folhas verdes! Naturalmente maldirá o século XIX, com as suas guerras e rebeliões, pampeiros e terremotos, anarquia e despotismo, coisas que não trará consigo o século XX, um século que se respeitará, que amará os homens, dando-lhes a paz, antes de tudo, e a ciência, que é ofício de pacíficos. (id., ibid.)

Aquela virada de século traria muitas novidades. O bonde elétrico, por exemplo, chegou logo depois da República, em 1892. A primeira linha ligava o Largo da Carioca ao Bairro do Flamengo. Machado comenta a novidade:

> Não tendo assistido a inauguração dos bondes elétricos, deixei de falar neles. Nem sequer entrei em algum, mais tarde, para receber as impressões da nova tração e contá-las. Daí o meu silêncio da outra semana. Anteontem, porém, indo pela praia da Lapa, em um bonde comum, encontrei um dos elétricos, que descia. Era o primeiro que estes meus olhos viam andar.
> [...]
> Em seguida, admirei a marcha serena do bonde, deslizando como os barcos dos poetas, ao sopro da brisa invisível e amiga. Mas, como íamos em sentido contrário, não tardou que nos perdêssemos de vista, dobrando ele para o Largo da Lapa e Rua do Passeio, e entrando eu na Rua do Catete. Nem por isso o perdi de memória. A gente do meu bonde ia subindo aqui e ali, outra gente entrava adiante e eu pensava no bonde elétrico. Assim fomos seguindo; até que, perto do fim da linha e já noite, éramos só três pessoas, o condutor, o cocheiro e eu. Os dois cochilavam, eu pensava. (Machado de Assis, 2008c, p.926, v.4)

Mas a grande reforma urbana ocorreu mesmo na gestão do prefeito Pereira Passos, entre 1902 e 1906. Contando com o apoio do presidente Rodrigues Alves, Passos sonhava em transformar o Rio de Janeiro em uma "Paris tropical".

Com esse propósito, uma das ações tomadas pelo prefeito foi o saneamento da cidade. Pereira Passos

---

[1] Publicado originalmente em "A Semana", na *Gazeta de Notícias*, em 6 de janeiro de 1895.

baixou um código de civilidade proibindo os negros de andarem descalços e cuspirem nas ruas, bem como o despejo de lixo e dejetos nas vias públicas e praias. Essa atitude foi de suma importância para combater as epidemias que ainda grassavam na então capital federal e atingiam, sobretudo, a população de baixa renda.

O prefeito também decretou a proibição de todo tipo de comércio de rua e

> a venda ambulante de alimentos, o ato de cuspir no chão dos bondes, o comércio de leite onde as vacas eram levadas de porta em porta, a criação de porcos dentro dos limites urbanos, a exposição da carne na porta dos açougues, a perambulação de cães vadios [...]. (Needell, 1993, p.57)

Com a vinda dos imigrantes para o trabalho na lavoura de café, muitos ex-escravos permaneceram nas cidades e se dedicaram ao comércio informal, vendendo todo tipo de miudezas. Preocupado com a aparência da capital federal, no momento em que o Brasil recebia um grande contingente de mão de obra estrangeira, o então presidente Rodrigues Alves fez o seguinte discurso no Congresso Nacional, em 3 de abril de 1903: "Aos interesses da imigração, dos quais depende em máxima parte o nosso desenvolvimento econômico, prende-se a necessidade do saneamento desta capital" (apud Benchimol, 1992, p.133-4).

Outras ações foram tomadas, como a canalização dos rios e a abertura de grandes avenidas, além do alargamento e retificação das ruas estreitas e sinuosas. Essas obras exigiam a desapropriação e demolição de casas, razão pela qual os jornais ironizavam a gestão do prefeito, chamando-o de "prefeito bota-abaixo".

A ampliação da zona portuária, a abertura da Avenida Beira-Mar e a construção da Avenida Central (atual Rio Branco) foram obras importantes para o projeto de modernização da cidade. Ao longo da avenida ergueram-se prédios em estilo *art nouveau* e casas comerciais que desbancaram as da Rua do Ouvidor. Lojas, cafés e confeitarias elegantes transferiram-se para a nova avenida.

A remodelação da cidade e as mudanças sociais advindas desse novo momento foram objeto de muitas críticas. Essa fase de transformação do Rio de Janeiro em uma nova urbe descaracterizando-a, gerou a esperada reação da parte de Machado, que preferia a "simpleza antiga" (Machado de Assis, 2008c, p.1059, v.4).

O escritor manifesta sua inquietação em carta enviada ao amigo Oliveira Lima, que se encontrava em viagem ao exterior:

> Venha ver o Rio em suas galas novas. Custar-lhe-á a reconhecê-lo. [...] mudaram-me a cidade, ou mudaram-me para outra. Vou deste mundo, mas já não vou da colônia em que nasci e envelheci, e sim de outra parte para onde me desterraram. É uma metamorfose de surpreender, mesmo a quem, como eu, viu sair a borboleta. (apud Machado, 2007, p.27)

Naquele início de século não faltavam discussões apaixonadas sobre política nas confeitarias e cafés. Havia o grupo progressista, com ideais republicanos, apoiado por artistas, escritores e jornalistas, e, de outro lado, os conservadores monarquistas, que tinham como defensores latifundiários e burocratas.

Na virada do século, vários cafés se destacaram pela frequência de artistas e intelectuais em reuniões boêmias. Um deles era o Café Central (atual Lamas), aberto no Largo do Machado em 1874, caracterizado por um salão principal todo adornado com espelhos de cristal. Na entrada havia um balcão de frutas, uma charutaria e, nos fundos, mesas de sinuca.

Os principais pratos do cardápio eram o filé à francesa acompanhado de *petit pois*, presunto, cebola e batata palha, e a canja de galinha para combater a ressaca do dia anterior.

Novos entretenimentos preenchiam o lazer da população: os cafés-concertos exibiam orquestras que interpretavam Beethoven, Strauss e Carlos Gomes.

Em 1897, inaugura-se na Rua do Ouvidor a primeira sala de cinema, o Salão de Novidades Paris. Antes de iniciar a sessão, havia uma apresentação de Ernesto Nazareth ao piano, ou de um conjunto musical tocando marchinhas e polcas. Rui Barbosa e Henrique Oswald eram assíduos frequentadores.

A revista *Fon-Fon* resumia estes novos tempos de reformas e entusiasmo dos governantes com a modernização da cidade por meio de críticas e charges sobre os políticos e a sociedade republicana.

O Rio civilisa-se! Eis a exclamação que irrompe de todos os peitos cariocas. Temos a Avenida Central, a Avenida Beira Mar (os nossos Campos Elyseos) estátuas em toda a parte, cafés e confeitarias com *terrasses* [...], *grand monde*, *demi monde*, enfim todos os apetrechos das grandes capitais. (Fon-Fon, 1908)

Café de Java no Largo de São Francisco. Foto de Augusto Malta, s.d.

Menu

DU

Service

31 MAI 1883

SERVICE DU BUFFET

Granadine Orgeat
Orangeade Punch au Rhum
Bières anglaises Bières allemandes
Cognac Liqueurs
Eau de Seltz

Sandwichs au Jambon et fromage

Langue écarlate
Filet de Poisson
Croquettes d'écrevisse
Maravilla de volaille
Attereaux de foie de canard
Cuissot de Poulet
Cramousky de crevettes
Petits patés d'huitres

Crème de volaille

Poisson sauce tartar
Mayonnaise de homard
Galantine de macaca
Aspic de foie gras
Dindon truffé
Dindon à la Brésilienne
Gibier à la broche
Jambon d'york
Hure Sanglier
Salade Romain

Asperges en Salade

Gelées aux fruit
Bavaroise au marasquin
Gateaux cariés
Fromages divers
Bonbons fins
Fruits verts de choix

VINS

Porto vieux,
Xérès,
Madère,
Muscatel Sétubal,
Rhin,
Sauternes,
Carcavellos
frappés,
Bordeaux,
Chambertin
et Champagne
frappés

SERVICE AU SALON

1.º

Glaces moulées crème et fruit
Gaufres à la vanille

2.º

Thé vert et noir au lait
Plateaux monté, Gateau de Savoie
Pain grillé, Pain de Petropolis
Pain de Venise, Biscuits cariés

3.º

Sorbets et mattonelles
Meringues

4.º

Punch à la Romaine et vénitienne
Croquembouche d'amandes

5.º

Petits verres de gelée aux fruits

6.º

Chocolat à la Crême
Pain d'aramta et biscuits à la cuillère

Service de José G. dos Santos — Confeitaria Ouvidor

Menu da Confeitaria Ouvidor.

"O banquete da vida"

No banquete da vida, para falar como outro poeta [...]. Já agora falo por poetas; está provado que, apesar de fantásticos e sonhadores, são ainda os mais hábeis contadores de história e inventores de imagens. A vida, por exemplo, comparada a um banquete é idéia felicíssima. Cada um de nós tem ali o seu lugar; uns retiram-se logo depois da sopa, outros do coup du milieu, *não raros vão até a sobremesa [...].*[1]

Machado de Assis (2008c, p.1136, v.4)

Homem urbano e cosmopolita, Machado de Assis foi atento observador das transformações vividas no Rio de Janeiro entre o advento do Segundo Império e o início da República. A gastronomia, cuja presença foi atestada – como vimos nos capítulos anteriores – tanto pelo Machado romancista quanto pelo cronista, revela-se uma componente marcante nesse conjunto de transformações.

Particularmente nas crônicas, caracterizadas por ele mesmo como "prato de pouca ou nenhuma resistência, simples molho branco" (idem, p.1035, v.4), resgata-se a presença da culinária na vida cotidiana da cidade e nas relações de sociabilidade da elite carioca.

O período vivenciado por Machado foi dominado pelas mudanças na vida urbana carioca, que se emancipava do patriarcalismo rural. A burguesia urbana, formada pelos bacharéis, doutores, comerciantes e proprietários de terra, era atraída pelo cosmopolitismo da cidade, pela vida mundana, pelo luxo e pelas diversas opções de lazer e entretenimento. Saraus familiares, clubes sociais e teatros reuniam políticos, escritores e intelectuais que cultivavam a arte e a cultura.

O novo ideal civilizador, inaugurado pela vinda da família real portuguesa e intensificado durante o início do Segundo Império, contrastava com o ranço patriarcal rural dos solares desprovidos de móveis, das cozinhas rudimentares, dos repastos pesados e sem requinte e do modo de vestir das matronas.

Nesse contexto, a arte culinária apura-se com a influência da corte e dos profissionais da mesa e da sobremesa.

A elite carioca introduz no ambiente familiar novos requintes culinários, como o serviço e a cozinha francesa, e a contratação de cozinheiros profissionais estrangeiros. A nova arquitetura das casas e das cozinhas, os produtos industrializados e importados, e o serviço de bufê se associavam a jantares opulentos, comemorações festivas e saraus.

Nesses novos tempos, os jantares de cerimônia representavam o cenário distintivo de sociabilidade da elite. As mesas eram impecavelmente cobertas com toalhas de linho bordadas, arranjos florais, castiçais de prata de lei, aparelhos de jantar importados, faqueiros de prata, organizadas pelo toque feminino das anfitriãs.

---

1 Publicado originalmente em "A Semana", na *Gazeta de Notícias*, em 10 de janeiro de 1894.

Era na sala de jantar onde repercutia a educação refinada das anfitriãs. Nessas ocasiões, o "bom gosto de uma senhora distincta e delicada se mostra nas menores circumstancias" (Cleser, 1898, p.139).

Paralelamente às mudanças nos rituais gastronômicos das famílias, o Rio de Janeiro também experimentava notáveis transformações entre os estabelecimentos profissionais. Já falamos anteriormente a respeito dos inúmeros cafés, confeitarias e restaurantes elegantes que afloraram na capital brasileira a partir da segunda metade do século XIX. Este foi um marco cosmopolita que acompanhou as transformações urbanas e sociais coerentes com o projeto civilizador do Segundo Império e da República.

A novidade dos restaurantes requintados atendia uma clientela seleta com "menus" em francês que ofereciam magníficas ofertas de iguarias estrangeiras elaboradas com todo o esmero. Eram oásis gastronômicos que prosperaram, porém ficavam restritos a um público europeizado e exigente.

Porém, como Machado bem sabia, "o banquete da vida", fosse ele habitado por iguarias nacionais ou estrangeiras, nem sempre era "uma delícia" para seus contemporâneos. A grande maioria da população livre e dos escravos alimentava-se de feijão, carne seca, farinha de mandioca, pirão e angu, comida essa que não experimentou quaisquer dos aperfeiçoamentos e requintes granjeados pelas mesas mais favorecidas, ao longo de praticamente todo o século XIX e inícios da jovem República.

A aparente opulência representada pela sofisticação dos costumes gastronômicos das elites não atenuou (nem poderia fazê-lo) a melancolia machadiana, seja ela em relação à condição humana em geral, seja ela em relação à situação social do Brasil. Com esse pano de fundo, talvez a típica reação de Machado de Assis aos feéricos cardápios que presenciou fosse a de "ajuntar os restos do festim, mandar fazer o que a arte culinária chama roupa velha, e comê-la com os amigos, sem vinho"[2] (Machado de Assis, 2008c, p.948, v.4).

---

2 Idem, 1º de janeiro de 1893.

Iluchar Desmons. *Panorama do Rio de Janeiro tomado do Morro de Santo Antônio*, 1855.

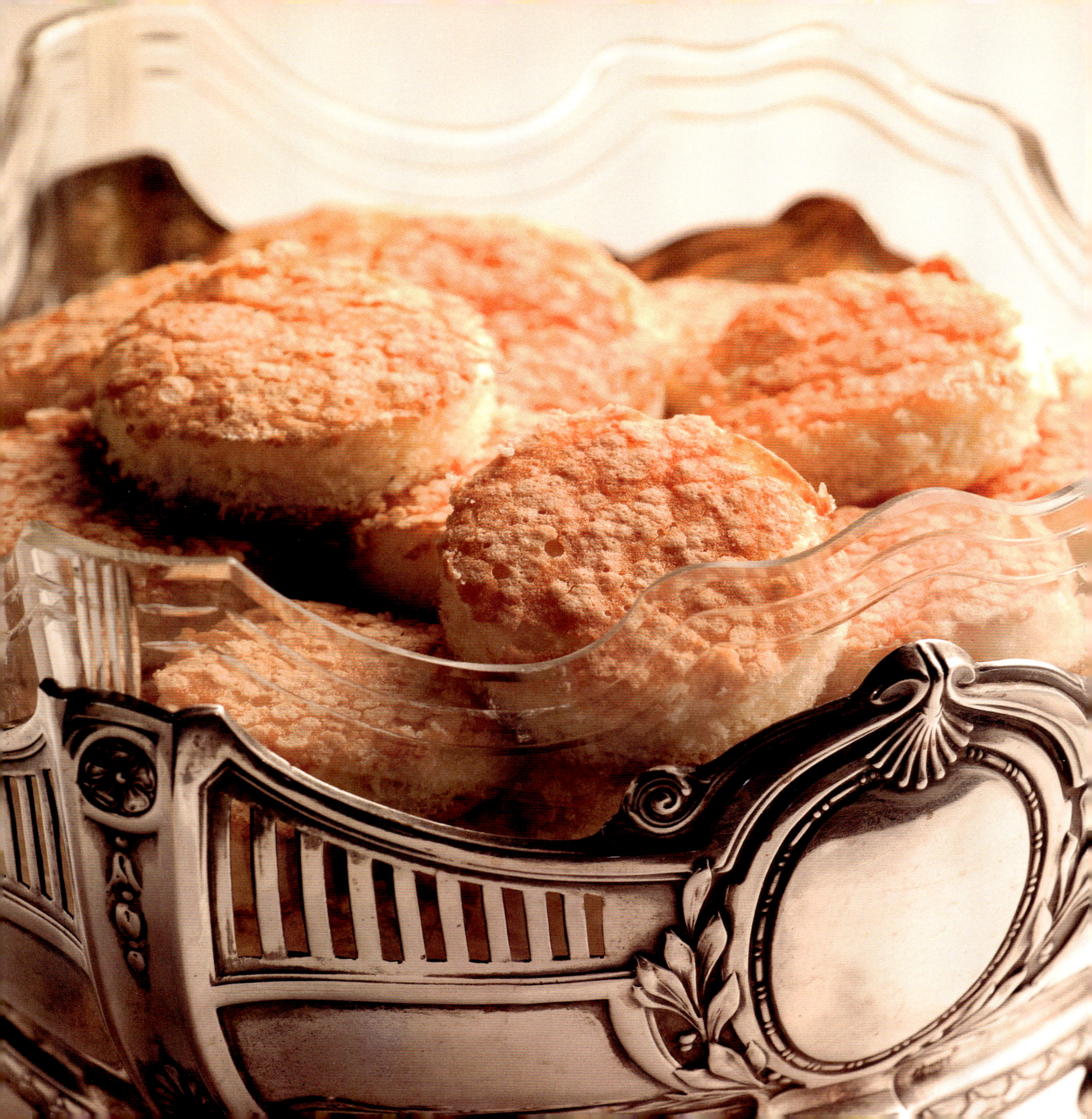

Bouchées de dames

Ingredientes

6 ovos passados na peneira
250g de açúcar
85g de fécula de batata
1 pitada de sal
1 colher (chá) de raspas de laranja
1 cálice de xarope de flor de laranjeira

Preaqueça o forno a 180 °C.
Bata na batedeira os ovos com o açúcar. Acrescente a fécula de batata, uma pitada de sal, as raspas de laranja e o xarope de flor de laranjeira e misture bem.
Unte uma assadeira retangular com manteiga e despeje a massa. Leve para assar por cerca de 40 minutos.
Com a ajuda de um cálice ou cortador, corte as bolachinhas em discos de 2cm de diâmetro.
Polvilhe com açúcar e canela.

Referências bibliográficas

ALMANAK Laemmert. Rio de Janeiro: Gráfica Laemmert, 1844-89.

BENCHIMOL, Jaime Larry. O haussmanismo na cidade do Rio de Janeiro. In: AZEVEDO, André Nunes (org.). *Anais do seminário do Rio de Janeiro*: capital e capitalidade. Rio de Janeiro: Departamento Cultural/Nape/Depext/SR-3/Uerj, 2002.

BENCHIMOL, Jaime Larry. *Pereira Passos, um Haussmann tropical*: a renovação urbana da cidade do Rio de Janeiro no início do século XX. Rio de Janeiro: Secretaria Municipal de Cultura, Turismo e Esportes/Departamento Geral de Documentação e Informação Cultural, 1992.

BINZER, Ina von. *Os meus romanos*: alegrias e tristezas de uma educadora alemã no Brasil. Rio de Janeiro: Paz e Terra, 1980.

BURMEISTER, Carl H. C. *Viagem ao Brasil através das províncias do Rio de Janeiro e Minas Gerais*. Rio de Janeiro: Livraria Martins Editora, 1952.

CARVALHO, Beatriz de Vicq (org.). *Confeitarias do Rio antigo*. Rio de Janeiro: Secretaria de Estado de Educação e Cultura/Funarj, 1981.

CASCUDO, Luís da Câmara. *História da alimentação no Brasil*. 2.v. Belo Horizonte: Itatiaia, São Paulo: Edusp, 1983.

CERVO, Amado Luiz; MAGALHÃES, José Calvet de. *Depois das caravelas*: as relações entre Portugal e o Brasil (1808-2000). Lisboa: Instituto Camões, 2000.

CHARTIER, Roger. *Espacio público, crítica y desacralización en el siglo XVIII*: los orígenes culturales de la Revolución Francesa. Barcelona: Gedisa, 1955.

CLASSIFICADOS. *O Cruzeiro*. Rio de Janeiro, 7 abr. 1878.

CLESER, Vera A. *O lar doméstico*: conselhos práticos sobre a boa direcção de uma casa. São Paulo: Typographia de Oscar Monteiro, 1898.

COZINHEIRO nacional: coleção das melhores receitas das cozinhas brasileiras e europeias. São Paulo: Senac São Paulo, 2008.

BA-TA-CLAN, Rio de Janeiro, 1867-71.

CRESTANI, Jaison Luís. O perfil editorial da revista *A Estação*: jornal ilustrado para a família. *Revista da Anpoll*, Brasília, v.1, n.25, 2008.

DEBRET, Jean-Baptiste. Viagem pitoresca e histórica ao Brasil (1816-1831). In: BRUNO, Ernani Silva (org.). *Equipamentos, usos e costumes da casa brasileira*. v.1 (Alimentação). São Paulo: Museu da Casa Brasileira, 2000.

DIAS LOPES, José Antonio. *A canja do imperador*. São Paulo: Companhia Nacional, 2004.

DUNLOP, Charles Julius. *Rio antigo*. Rio de Janeiro: Gráfica Laemmert, 1955.

EDMUNDO, Luiz. *O Rio de Janeiro de meu tempo*. Brasília: Ed. do Senado Federal, 2003.

EL-KAREH, Almir Chabain.; BRUIT, Hector H. *Cozinhar e comer; em casa e na rua*: culinária e gastronomia na corte do Império do Brasil. *Estudos históricos (Rio de Janeiro)*, v.1, n.33, jan./jun. 2004.

EXPILLY, Charles. *Mulheres e costumes do Brasil*. São Paulo: Cia. Ed. Nacional, 1935.

FIGUEIREDO, Guilherme de. *Comidas, meu santo!* Rio de Janeiro: Civilização Brasileira, 1964.

FON-FON, Rio de Janeiro, 1907-58.

FRANÇA, Jean Marcel Carvalho. *Visões do Rio de Janeiro colonial*: antologia de textos 1531-1800. Rio de Janeiro: José Olympio, 1999

FREYRE, Gilberto. *Açúcar*: em torno da etnografia, da história e da sociologia do doce no Nordeste canavieiro do Brasil. Brasília: Ministério da Indústria e do Comércio/Instituto do Açúcar e do Álcool, 1969. (Coleção Canavieira, 2).

FREYRE, Gilberto. *Sobrados e mucambos*. São Paulo: Global, 2006.

GLEDSON, John. Machado de Assis: o Rio de Janeiro em vários tempos. In: CARRER, Aline (org.). *Rio de Assis*: imagens machadianas do Rio de Janeiro. Rio de Janeiro: Casa da Palavra, 1999.

GAZETA do Rio de Janeiro, n.30, 1820.

GRAHAM, Maria. *Diário de uma viagem ao Brasil*. São Paulo: Cia. Ed. Nacional, 1956.

JORNAL das Famílias, Rio de Janeiro, 1863-78.

KIDDER, Daniel Parish; FLETCHER, James Cooley. O Brasil e os brasileiros. In: BRUNO, Ernani Silva (org.). *Equipamentos, usos e costumes da casa brasileira*. v.1 (Alimentação). São Paulo: Museu da Casa Brasileira, 2000.

LESSA, Carlos. *O Rio de todos os Brasis*: uma reflexão em busca da autoestima. Rio de Janeiro: Record, 2000.

LIMA, H. D. João e D. Carlota Joaquina, na cidade do Rio de Janeiro. *Diário de Lisboa*, Lisboa, 1 jan. 1926.

LUCCOCK, John. *Notas sobre o Rio de Janeiro e partes meridionais do Brasil*. 2.ed. São Paulo: Martins Editora, 1951.

MACHADO, Ubiratan. *Três vezes Machado de Assis*. Cotia: Ateliê Editorial, 2007.

MACHADO DE ASSIS, Joaquim Maria. A chinela turca (Papéis avulsos [1882]). In: MACHADO DE ASSIS, Joaquim Maria. *Obra completa em quatro volumes*. v.2. Rio de Janeiro: Nova Aguilar, 2008a.

MACHADO DE ASSIS, Joaquim Maria. A mão e a luva. In: MACHADO DE ASSIS, Joaquim Maria. *Obra completa em quatro volumes*. v.1. Rio de Janeiro: Nova Aguilar, 2008b.

MACHADO DE ASSIS, Joaquim Maria. A Semana (Gazeta de Notícias [1892-1897]). In: MACHADO DE ASSIS, Joaquim Maria. *Obra completa em quatro volumes*. v.4. Rio de Janeiro: Nova Aguilar, 2008c.

MACHADO DE ASSIS, Joaquim Maria. A senhora do Galvão (Histórias sem data [1884]). In: MACHADO DE ASSIS, Joaquim Maria. *Obra completa em quatro volumes*. v.2. Rio de Janeiro: Nova Aguilar, 2008d.

MACHADO DE ASSIS, Joaquim Maria. As bodas de Luís Duarte (Histórias da meia-noite [1873]). In: *Obra completa em quatro volumes*. v.2. Rio de Janeiro: Nova Aguilar, 2008e.

MACHADO DE ASSIS, Joaquim Maria. Ao acaso (Diário do Rio de Janeiro [1864-1865]). In: MACHADO DE ASSIS, Joaquim Maria. *Obra completa em quatro volumes*. v.4. Rio de Janeiro: Nova Aguilar, 2008f.

MACHADO DE ASSIS, Joaquim Maria. Bons dias! (Gazeta de Notícias [1888-1889)] e Imprensa Fluminense [1888]). In: MACHADO DE ASSIS, Joaquim Maria. *Obra completa em quatro volumes*. v.4. Rio de Janeiro: Nova Aguilar, 2008g.

MACHADO DE ASSIS, Joaquim Maria. Cartas fluminenses I (Miscelânia). In: MACHADO DE ASSIS, Joaquim Maria. *Obra completa em quatro volumes*. v.3. Rio de Janeiro: Nova Aguilar, 2008h.

MACHADO DE ASSIS, Joaquim Maria. *Cherchez la femme* (Miscelânia). In: MACHADO DE ASSIS, Joaquim Maria. *Obra completa em quatro volumes*. v.3. Rio de Janeiro: Nova Aguilar, 2008i.

MACHADO DE ASSIS, Joaquim Maria. Dom Casmurro. In: MACHADO DE ASSIS, Joaquim Maria. *Obra completa em quatro volumes*. v.1. Rio de Janeiro: Nova Aguilar, 2008j.

MACHADO DE ASSIS, Joaquim Maria. Esaú e Jacó. In: MACHADO DE ASSIS, Joaquim Maria. *Obra completa em quatro volumes*. v.1. Rio de Janeiro: Nova Aguilar, 2008k.

MACHADO DE ASSIS, Joaquim Maria. Evolução (Relíquias de casa velha [1906]). In: MACHADO DE ASSIS, Joaquim Maria. *Obra completa em quatro volumes*. v.2. Rio de Janeiro: Nova Aguilar, 2008l.

MACHADO DE ASSIS, Joaquim Maria. Histórias de quinze dias (Ilustração Brasileira [1878]). In: MACHADO DE ASSIS, Joaquim Maria. *Obra completa em quatro volumes*. v.4. Rio de Janeiro: Nova Aguilar, 2008m.

MACHADO DE ASSIS, Joaquim Maria. Mariana (Contos avulsos I [1871]). In: *Obra completa em quatro volumes*. v.2. Rio de Janeiro: Nova Aguilar, 2008n.

MACHADO DE ASSIS, Joaquim Maria. Memórias póstumas de Brás Cubas. In: MACHADO DE ASSIS, Joaquim Maria. *Obra completa em quatro volumes*. v.1. Rio de Janeiro: Nova Aguilar, 2008o.

MACHADO DE ASSIS, Joaquim Maria. Notas semanais (O Cruzeiro [1878]). In: MACHADO DE ASSIS, Joaquim Maria. *Obra completa em quatro volumes*. v.4. Rio de Janeiro: Nova Aguilar, 2008p.

MACHADO DE ASSIS, Joaquim Maria. O passado, o presente e o futuro da literatura (Miscelânia). In: MACHADO DE ASSIS, Joaquim Maria. *Obra completa em quatro volumes*. v.3. Rio de Janeiro: Nova Aguilar, 2008q.

MACHADO DE ASSIS, Joaquim Maria. Qual dos dois? (Contos avulsos I). In: MACHADO DE ASSIS, Joaquim Maria. *Obra completa em quatro volumes*. v.2. Rio de Janeiro: Nova Aguilar, 2008r.

MACHADO DE ASSIS, Joaquim Maria. Quincas Borba. In:

MACHADO DE ASSIS, Joaquim Maria. *Obra completa em quatro volumes*. v.1. Rio de Janeiro: Nova Aguilar, 2008s.

MACHADO DE ASSIS, Joaquim Maria. Tempos de crise (Contos avulsos I). In: *Obra completa em quatro volumes*. v.2. Rio de Janeiro: Nova Aguilar, 2008t.

MAGALHÃES JÚNIOR, Raimundo. *Artur Azevedo e sua época*. São Paulo: Coleção Saraiva, 1953.

MELLO, Janaína Cardoso de. A cultura política oitocentista na época joanina entre a Gazeta do Rio de Janeiro, o Correio Brasiliense e a época d'ouro do Brazil. *Recôncavos (Cachoeira [BA])*, ano 3, n.3, 2009.

MENEZES, Rodrigo Octávio de Langgaard. Sociedades cariocas para conversar e comer. In: CASCUDO, Luís da Câmara (org.). *Antologia da alimentação no Brasil*. Rio de Janeiro: Livros Técnicos e Científicos, 1977.

MODESTO, Maria de Lourdes; PRAÇA, Afonso. *Festas e comeres do povo português*. Lisboa: Verbo, 1999.

NEEDELL, Jeffrey D. *Belle époque tropical*: sociedade e cultura de elite no Rio de Janeiro na virada do século. São Paulo: Companhia das Letras, 1993.

PEREIRA, Ana Marques. *Mesa real*: dinastia de Bragança. Lisboa: Inapa, 2007.

PINHO, Wanderley. *Salões e damas do Segundo Reinado*. 2.ed. São Paulo: Livraria Martins Editora, 1942.

PRADO, Paulo. *Retrato do Brasil*. São Paulo: Companhia das Letras, 1997.

QUEIROZ, Francisco. *O confeiteiro popular*. [s.l.]: Francisco Alves, 1879.

QUITÉRIO, José. *Histórias e curiosidades gastronômicas*. Lisboa: Assírio & Alvim, 1992.

REGO, Antônio José de Souza. *Dicionário do doceiro brasileiro*. 3.ed. Rio de Janeiro: J. G. de Azevedo, 1892.

RENAULT, Delso. *O dia a dia no Rio de Janeiro segundo os jornais (1870-1889)*. Rio de Janeiro: Civilização Brasileira; Brasília: INL, 1982.

RENAULT, Delso. *Rio de Janeiro*: a vida da cidade refletida nos jornais (1850-1870). Rio de Janeiro: Civilização Brasileira, 1978.

RIBEIRO, Emanuel. *O doce nunca amargou...*: doçaria portuguesa. História. Decoração. Receituário. Sintra: Colares Editora, [s.d.].

RIBEIRO, Maria de Lourdes Borges. *Na trilha da Independência*. Rio de Janeiro: Ministério da Educação e Cultura (Campanha de Defesa do Folclore Brasileiro), 1972.

RIOS FILHO, Adolfo Morales de los. *O Rio de Janeiro imperial*. Rio de Janeiro: Topbooks, 2000.

ROCHA MARTINS, Francisco José. *O último vice-rei do Brasil*. Lisboa: Edição do autor, Gráficas do "ABC", 1922.

SALLES, Paulo. *Doceiro nacional*. 2.ed. Rio de Janeiro: Livraria B. L. Garnier, 1886.

SANTOS, Edmilson Moutinho dos (coord.). *Gás natural*: estratégias para uma energia nova no Brasil. São Paulo: Annablume, 2002.

SANTOS, Luiz Gonçalves dos. *Memórias para servir a história do Reino do Brasil*. v.1. Belo Horizonte: Itatiaia, São Paulo: Edusp, 1981.

SCHWARCZ, Lília Moritz. *As barbas do imperador*: D. Pedro II, um monarca nos trópicos. 2.ed. São Paulo: Companhia das Letras, 2002.

SCHWARZ, Roberto. *Que horas são?*: ensaios. 2.ed. São Paulo: Companhia das Letras, 2006.

SEIDLER, Carl. *Dez anos no Brasil (1825-1835)*. São Paulo: Livraria Martins Editora, [s.d.].

SEVCENKO, Nicolau. *História da vida privada no Brasil*. v.3. São Paulo: Companhia das Letras, 2006.

SEVCENKO, Nicolau. *Literatura como missão*: tensões sociais e criação cultural na Primeira República. São Paulo: Brasiliense, 1983.

SILVA, Maria Beatriz Nizza da. *Cultura e sociedade no Rio de Janeiro (1808-1821)*. São Paulo: Cia. Ed. Nacional, 1978. (Coleção Brasiliana, 363).

SILVA, Maria Beatriz Nizza da. Culinária colonial. *Oceanos (Lisboa)*, n.42, 2000.

SILVA, Maria Beatriz Nizza da. *A Gazeta do Rio de Janeiro (1808-1822)*: cultura e sociedade. Rio de Janeiro: EDUERJ, 2007.

SPIX, Johann Baptist von; MARTIUS, Karl Friedrich Philipp von. *Viagem pelo Brasil (1817-1820)*. v.1. Belo Horizonte: Itatiaia, São Paulo: Edusp, 1981.

TOUSSAINT-SAMSON, Adèle. *Uma parisiense no Brasil*. Rio de Janeiro: Capivara, 2003.

VIANNA, Hélio. *D. Pedro I e D. Pedro II*: acréscimos às suas biografias. São Paulo: Cia. Ed. Nacional, 1966. (Coleção Brasiliana, 330).

Agradecimentos

Acompanhar Machado de Assis pelos recantos do Rio de Janeiro foi uma tarefa árdua. Agradeço o entusiasmo com que Jézio Hernani Bomfim Gutierre, editor-executivo da Editora Unesp, apoiou essa jornada. Suas observações pertinentes fomentaram discussões sobre cada capítulo desse livro. Registro aqui meu reconhecimento pelo incentivo carinhoso que recebi dele.

Meus agradecimentos a Ezio Carlos Costa, colecionador de obras raras de culinária, por seus comentários e consultas sobre os livros de receitas da época, destacando *O confeiteiro popular*, citado por Machado de Assis em uma de suas crônicas.

A Tim Waetzold, que recentemente defendeu sua tese de doutorado, na Alemanha, discorrendo sobre a culinária brasileira do século XIX e que me forneceu importantes fontes de pesquisa.

No trabalho de pesquisa iconográfica tive a incansável colaboração de Angélica P. Oliveira, que permitiu o acesso aos preciosos documentos do Acervo Itaú Unibanco. E, na pesquisa bibliográfica, tive ainda o valoroso suporte de Maria Antonia Pavan de Santa Cruz.

A Regina Porto Carvalho e Christina Motta, que possibilitaram a montagem e a ambientação das mesas de chá e jantar com suas faianças, pratas e relíquias da época.

Por fim, aos dedicados colaboradores da Editora Unesp, Jorge Pereira Filho, Rosa Maria Capobianco e Thaís de Oliveira.

Índice de imagens

Acervo Academia Brasileira de Letras (ABL)
p.5, p.124-5.

Acervo Academia Paulista de Letras
[Ex-libris de Leonardo Arroyo]
p.114

Almanak Laemmert [coleção particular]
p.19, p.73a, p.92, p.98a.

Cozinheiro Nacional [coleção particular]
p.43, p.73b, p.98b, p.117.

G. Ermakoff Casa Editorial
p.8, p.50, p.85, p.104, , p.107, p.108, p.123, p.138, p.141.

Instituto Histórico
e Geográfico Brasileiro
p.66, p.72b, p.74, p.133, p.142.

Itaú Unibanco
p.4, p.12, p.14-5, p.16, p.18, p.25, p.30, p.35, p.36, p.40-1, p.46, p.48, p.49, p.72a, p.82, p.84, p.86-7, p.88, p.94-5, p.109, p.110, p.113, p.118, p.121, p.145, p.154.

Luiz Fernando Macian
p.22, p.26, p.28, p.39, p.44, p.45, p. 52, p.53, p.54, p.56, p.58, p.61, p.62, p.68, p.77, p.79, p.81, p.90, p.97, p.100, p.103, p.126, p.128, p.130, p.134, p.136, p.146.

Museus Castro Maya
p.33, p.34, p.64-5.

Pinacoteca do Estado de São Paulo
Romulo Fialdini
p.20, p.42.

Revista Fon-Fon [coleção particular]
p.70.

Índice de receitas

Arroz de leite	55
Bacalhau à lagareira	96
Bolinhos de bacalhau	131
Bouchées de dames	147
Bouillabaisse	101
Canja do Imperador	29
Chocolat à la crème	63
Croquetes de carne	80
Doce de coco	53
Empada de camarão	69
Ensopadinho de camarão com chuchu	102
Franguinho de cabidela	135
Galinha mourisca	27
Leitoa de leite à pururuca	57
Mãe-benta	52
Manuê	45
Pão de ló	44
Pastéis de nata	127
Peras em calda	78
Pudim de laranja	137
Rabanada	58
Salade de saumon à la russe	60
Sopa de castanha e perdiz	23
Sorvete de pitanga	76
Toucinho do céu	129

Jean-Baptiste Debret. *Vendedora de arruda*, 1835.

154

Prêmio 53º Jabuti 2011

SOBRE O LIVRO
Formato: 23,5 x 24,5 cm
Mancha: 47 x 47,5 paicas
Tipologia: Minion Pro
Papel: Couché Fosco 150g/m2 (miolo)
Couché Fosco 115 g/m2 (capa)
1ª edição: 2010
1ª reimpressão: 2016

EQUIPE DE REALIZAÇÃO

Edição de texto
Elisa Buzzo (Preparação de Original)
Arlete Zebber (revisão)
Olivia Frade Zambone (revisão)
Isabel Junqueira (revisão)

Capa
Estúdio Bogari

Imagem de capa
Cena de café. Rodolfo Amoedo, s.d.

Imagem de quarta capa
Cena de restaurante. Henrique Bernadelli, s.d.
(Pinacoteca do Estado de São Paulo)

Editoração eletrônica
Gerson Tung

Pesquisa iconográfica
Terezinha Melo

Cozinha experimental
Regina Porto Carvalho

Fotos
Luiz Fernando Macian

Assistente de produção
Guida Rozzino
Regina Porto Carvalho

MUNDIAL GRÁFICA
www.mundialgrafica.com.br